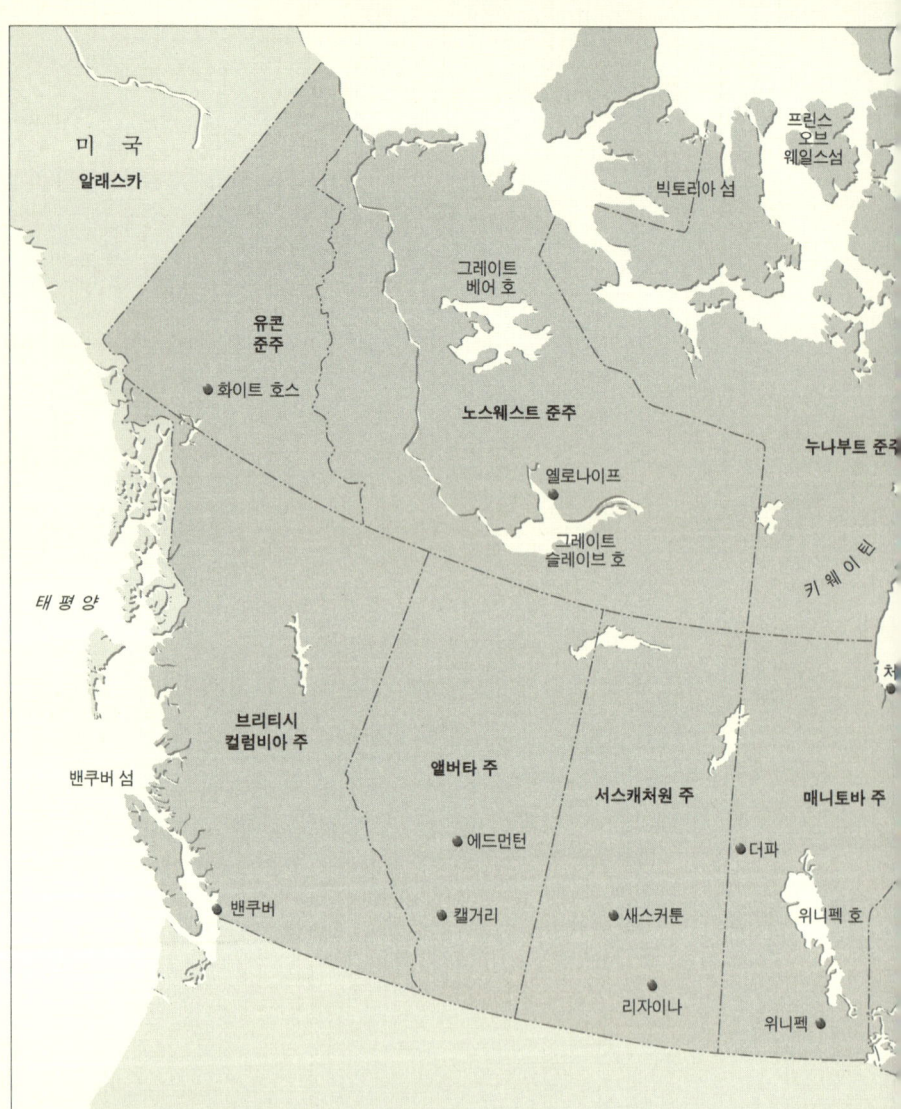

Never Cry Wolf 울지 않는 늑대

팔리 모왓 지음 | 이한중 옮김

NEVER CRY WOLF
Copyright ⓒ 1963 by Mary Elliott
All rights reserved

Korean translation copyright ⓒ 2003 by Dolbegae Publishers
Korean translation rights arranged with Farley Mowat Limited
through Eric Yang Agency, Seoul.

이 책의 한국어판 저작권은 에릭양 에이전시를 통한 Farley Mowat Limited사와의
독점계약으로 한국어 판권을 '돌베개'가 소유합니다. 저작권법에 의하여
한국 내에서 보호를 받는 저작물이므로 무단전재와 복제를 금합니다.

울지 않는 늑대

팔리 모왓 지음 ǀ 이한중 옮김

2003년 7월 14일 초판 1쇄 발행
2023년 6월 15일 초판 25쇄 발행

펴낸이 한철희 ǀ 펴낸곳 돌베개 ǀ 등록 1979년 8월 25일 제406-2003-000018호
주소 (10881) 경기도 파주시 회동길 77-20 (문발동)
전화 (031)955-5020 ǀ 팩스 (031)955-5050
홈페이지 www.dolbegae.co.kr ǀ 전자우편 book@dolbegae.co.kr

책임편집 김윤정
편집 김수영·박숙희·김현주·김아롱
본문디자인 이은정 ǀ 인쇄·제본 영신사

KDC 840
ISBN 89-7199-161-5 03840
책값은 뒤표지에 있습니다.

Never Cry Wolf 울지 않는 늑대

작가의 말

30년 전 『울지 않는 늑대』(Never Cry Wolf)를 쓰기 시작할 무렵, 나는 원래 늑대와는 전혀 다른 동물에 대한 풍자를 하나 쓸 계획이었고, 늑대는 조연쯤으로 생각했다. 그 동물이란 모든 일의 오만한 결정권자가 되어버린, '관료'라고 하는 인류의 특이한 돌연변이였다. 또한 우리 시대의 새로운 제사장들을 골려주는 것도 재미있으리라는 생각을 했다. 그들은 '과학자'라고 하는, 스스로를 유일하게 적법한 '진리'의 수호자이자 해석자라고 여기는 이들이었다.

나는 애초부터 악의를 품고 의도적으로, 우리 세계의 이러한 통치 지망자들을 드러내거나, 아니면 책 속에서 그들 스스로가 드러나게 하려고 했었다. 그런데 어쩌다 보니 내가 그들의 관료적이고 과학적인 익살에 흥미를 잃어가고 있음을 알게 되었다. 대신에 원래는 조연이었던 배역에 점점 빠져들고 있었다. 바로 늑대였다.

『울지 않는 늑대』는 일부 인간 동물들에게서 따뜻한 대접을 받지 못했다. 사실이 진실을 방해하지 않도록 하는 것이 내 업이며, 삶을 이해하는 데 유머가 차지하는 역할이 지극히 중대하다는 내 소신이 고스란히 담겨 있는 이 책을, 스스로에게 안수(按手)한 여러 전문가들은 비웃었다. 재미로 죽이는 이들의 널리 퍼진 네트워크를 포함하여, 일부 헌신적인 늑대 혐오자들은 이 책이 빤한 허구일 뿐이라고 주장하기까지 했다. 어떤 이들은 아예 무시하면서, 책의 저자가 박사 학위를 소지한 제대로 된 과학자가 아니기 때문에 논할 가치가 없다고까지 했다. 대체로 나는 이렇게 뒤에서 떠드는 소리를 무시했다. 그렇지만 아마 지금쯤은 쫓아오던 자칼들을 공격해도 좋을 시기가 아닌가 한다. 그것은 진짜 늑대가 어떠한 존재인가 하는 문제다.

『울지 않는 늑대』는 어느 해 여름부터 이듬해 여름까지 내가 겪은 일들을 바탕으로 한 이야기다. 나는 늑대와 순록을 연구하는 생물학자로서, 누나부트 준주(準州)의 키웨이틴 남부와 매니토바 북부의 아북극 지역에서 1년여를 보냈다. 이때 나는 캐나다 연방 정부 소속으로 일했기 때문에 늑대 연구에 대한 보고서는 1948년부터 내 고용주들이 보관해왔다. 자격에 대해 말하자면, 나는 6개의 명예 박사 학위를 소지하고 있다. 그 말은 적어도 6개의 대학은 나와 내 작업을 학문적으로 인정할 만한 가치가 있다고 본다는 뜻이 되겠다.

섹스투스(Sextus: 여섯번째라는 뜻 -옮긴이) 박사라고 불릴 자격을 얻은 것이 기쁘기는 하지만 이보다 훨씬 더 기쁜 일이 있다. 그것은 내가 묘사한 늑대의 모든 행동 양상이, 내 연구를 상상력의 산물이라고 부른 바로 그 과학자들에 의해서 재발견되었기 때문이다. 대단한 상상력이다!

불행히도 늑대는 다른 종에게 위협을 주지 않으며, 인간에게 위험하지 않을 뿐더러 경쟁자가 되지도 않는다는 나의 주된 주장은 대체로 받아들여지지 않고 있다.

대략 400년 전까지 북미에서 늑대는 인간 다음으로 가장 번성하고 널리 퍼진 포유류였다. 전 세계적으로 늑대와 수렵 인간이 반목 아닌 접근 가능한 공생 관계를 즐겼다는 사실을 보여주는 증거는 많다. 서로의 존재가 각자의 생존에 유익했던 것이다. 그러나 유럽과 아시아의 인간들이 스스로 수렵 전통을 포기해버리고 농부나 목부(牧夫)가 되어버리자, 인간은 이 고대의 공감을 잃어버리고 늑대의 고질적인 적이 되어버렸다. 이른바 문명인은 결국 집단 의식 속에 '진짜' 늑대를 완전히 멸절시키는 데 성공했다. 그리고 대신에 거의 병적인 공포와 증오를 불러일으키는, 사악함으로 가득 찬 조작된 이미지를 심어버린 것이다. 유럽인은 이런 사고방식을 아메리카 대륙으로 실어왔다. 여기에 그치지 않고 포상금과 장려금에 자극받고, (헬리콥터와 파쇄 수류탄을 포함한 문명 기술이 제공해준 여러 신기술과 함께) 독약, 덫, 함정, 총으로 무장하여, 우리 현대인은 계속해서 늑대와 끝장을 보려는 전쟁을 수행해왔다.

북미에 살던 늑대 스물네 개 변종 및 혈통 중에서 일곱은 유럽인의 침략이 시작되었을 때 멸종되었고, 나머지 대부분은 위기에 처해 있다. 얼마 전까지만 해도 추정상 2만 마리 정도의 늑대가 무스, 순록, 엘크 등과 함께 숲과 북극 툰드라 지대를 나누어 썼지만, 지금은 사실상 캐나다 중남부와 멕시코 전역, 알래스카의 미국령 남부 거의 전역에서 멸종되었다. 이제는 비행기, 스노모빌, 전지형차(全地形車)를 이용하여 사냥을 즐기는 인간들과 자원을 착취하는 인간들이 비교적 접근하기 힘든 이 지역까지 새어 들어와서 남아 있던 '큰 사냥감' 동물들을 고갈시켜버린 것이다. 이렇게 되자 사냥꾼, 여행용품상, 가이드, 숙박업주, 그리고 기타 경제적 이해관계가 있는 단체들의 입에서 늑대를 반대하는 맹렬하고 기만적인 아우성이 터져나왔다.

"늑대들이 사냥감을 다 죽이고 있다. '우리의' 사냥감을! 늑대는 다 없어져야 한다!"

누가 이런 생트집을 들어줄까? 물론 '정부'가 들어준다. 다는 아닐지라도 지방과 중앙 정부의 낚시 및 사냥 관리 부서는 대부분 재미로 동물들을 죽이는 인간들이 로비 작전을 벌이는 트로이의 목마에 지나지 않는다. 그리고 그 로비는 기가 막히게 잘 조직화되어 있고 자금 공급이 원활하다. 그 회원들은 거의 저항이 불가능한 영향력을 행사하여 정부를 압박한다. 사냥감 동물들을 자연적인 약탈자로부터 보호하여, 재미로 죽이는 자들이 계속해서 충분한 숫자의 살아 있는 목표물을 찾아서 무기를 쓸 수 있도록 하라는 것이다.

숙련되고 독자적인 학자들 대부분은(이들은 정부의 사냥 관리 부서에서 고용한 청부업자 같은 어용 생물학자와는 구분된다) 다음과 같은 사실에 동의하고 있다. 즉 늑대는 먹이가 되는 생물종의 장기적인 안녕에 핵심적인 역할을 하며, 인류에게 위협이 되지 않으며, 가축에게 입히는 손해는 아주 적은 정도이며, 대개의 경우 인간의 거주지나 농업 시설 가까이에는 살려고 하지도 않는다는 사실이다. 이것이 문제의 '진실'이다.

우리는 늑대의 유죄를 선고할 때 사실이 아니라 우리의 의도적인 잘못된 인식에 근거를 두었다. 포악하며 무자비한 킬러라는 신화화된 이미지는 사실상 우리가 던진 우리 스스로의 '그림자'일 뿐이었다. 우리 자신의 죄 때문에 희생 늑대를 만들어낸 것이다.

1993년이 되면서 재미로 죽이는 인간들이 대규모 합동 작전을 새로 꾸미고 있다. '늑대 문제'에 대한 마지막 해법을 제시한다는 명분이다. 야생종들의 마지막 피난처인 북쪽 지방의 숲과 산과 툰드라 지대에서 이 골칫거리를 다 쓸어버릴 것이라고 한다. 1993년 알래스카, 유콘 준주, 앨버타 북부에는 늑대에 대한 최후의 학살이 공중과 육상에서 계획되고 있거나 실행되고 있다. 이는 꼭두각시 같은 낚시 및 사냥 관리 부서의 소행으로, 물론 사냥 협회와 야생동물의 피를 흘려 이익을 내는 인간들의 지원을 받아서 하는 짓이다.

정부의 '사냥 관리 책임자들', 알아서 챙기는 정치꾼들, 큰 사냥감 공급을 촉진하는 일에 열심인 자칭 보호 단체들의 부정한 음모가 성공할 가능성은 상당히 높다. 생명을 사고파는 이런 인간들의 음모에 대한 가장 결연하고 타협 없는 저항만이 지구상의 생명에 대한 또 하나의 중대한 잔학 행위를 막을 수 있다.

늑대를 멸종시키는 범행을 막아야 한다.

1993년 포트 호프에서
팔리 모왓

차 례

5 _ 작가의 말

13 _ 늑대 프로젝트를 맡다
26 _ 늑대주스를 맛보다
35 _ 무사 착륙
42 _ 늑대는 늑대가 아니었다
51 _ 드디어 늑대를 만나다
61 _ 늑대 굴을 발견하다
72 _ 감시자가 감시당하다
81 _ 땅을 요구하다
88 _ 앨버트 아저씨는 멋쟁이
99 _ 쥐와 늑대의 관계는?
110 _ 크림소스 마우스
119 _ 늑대의 정령
127 _ 늑대의 말을 알아듣다

137 _	꼬마들, 어디로 가는 걸까?
145 _	앨버트 아저씨, 사랑에 빠지다
156 _	아침 고기 배달은 즐거워!
162 _	히든 밸리에서 온 방문객들
171 _	가족생활과 가족계획
180 _	늑대 앞에서 발가벗다
190 _	길게 자라나는 벌레
200 _	꼬마들의 행복한 수업
209 _	분변학과 놀란 에스키모들
219 _	늑대 한 마리를 죽이면
228 _	우리가 잃어버린 세계
235 _	에필로그
236 _	옮긴이의 글

늑대 프로젝트를 맡다

시간으로 보나 거리로 보나 기나긴 여정이었다. 온타리오 주(州) 오크빌에 있던 우리 할머니 집 화장실에서부터 키웨이틴(keewaitin: 캐나다 노스웨스트 준주의 남동부 지역. 노스웨스트 준주의 동부 지역이 최근 누나부트 준주로 분리되었다. -옮긴이) 불모지대(Barren Lands: 캐나다 북부의 툰드라 지대에 대한 통칭. 풀과 나무가 드문드문 자라는 곳이다. -옮긴이) 한가운데에 있던 늑대 굴 바닥까지. 그 길을 다시 모두 더듬어볼 생각은 없다. 그렇지만 어떤 이야기든 시작이 있어야 하는 법. 내가 한동안 늑대와 함께 지낸 이야기는 할머니 집 화장실에서 시작하는 게 좋겠다.

내 나이 다섯 살, 안타깝게도 그때껏 나는 자라서 무엇이 되겠거니 할 만한 재능을 보여주지 못했다. 타고난 아이들에겐 으레 그 나이도 못 되어 천부적인 소질이 나타나지 않던가. 나에게서 그런 천재성이 드러나지 않아 실망했던지 부모님은 휴가철이면 늘 나를 오크빌에 있는 할머니에게 떠맡겨버렸다.

그린헤지라고 부르던 오크빌 저택은 유별나게 근엄한 분위기여서 나는 늘 편치 못했다. 할머니 집에는 나보다 몇 살 위인 사촌이 살고 있었다. 그는 이미 자기 전문 분야를 발견해놓고 있었다. 군사 분야였다. 장난감 모형 병정을 엄청나게 모아놓고 오직 제2의 웰링턴(Wellington, Arthur Wellesley: 1769~1852, 영국의 군인이자 정치가. 1815년 워털루 전투에서 승리하여 나폴레옹 지배를 종식시켰다. -옮긴이) 장군이 되는 일에만 전념하고 있었다. 나의 어설픈 나폴레옹 연기에 너무도 화가 난 그는 나와 놀아주려 하지 않았다. 아주 공식적인 자리가 아니고서는 말이다.

영국 웨일즈 혈통에다 귀족풍이었던 할머니는 철물 소매상으로 지낸 남편을 그냥 두지 않았다. 나에게는 관대한 편이었지만 때로는 오싹하게 만들기도 하였다. 할머니는 할아버지를 포함하여 대다수 사람들을 무섭게 대했다. 할아버지는 이미 오래 전부터 짐짓 못 들은 체하며 평정을 유지해오고 있었다. 그는 하루하루를 한가로이 보냈다. 커다란 가죽 의자에 푹 파묻혀서 부처님처럼 고요하고 평온하게 지내는 것이었다. 그린헤지 집안을 휘젓는 폭풍에는 아랑곳없이 말이다. 그런데 내가 알기로 한 가지 확실한 것은 할아버지가 세 층이나 떨어진 방에서 들려오는 속삭임을 들을 줄 안다는 것이었다. 그것은 '위스키'라는 소리였다.

그린헤지에는 이렇다 할 친구가 없었기에 나는 혼자 거니는 버릇이 생겨났다. 그리고 조금이라도 쓸모 있는 일에 에너지를 쏟는 짓은 한사코 마다하게 되었다. 아마 누군가 안목이 있는 사람이 나를 지켜봤다면 나의 장래가 어떨지를 분명히 감지할 수 있었을 것이다.

어느 무더운 여름날 나는 마을의 조그만 냇가를 정처 없이 쏘다니다가 웅덩이 하나를 발견했다. 물이 다 빠진 바닥에는 녹조류 찌꺼기만 간신히 뒤집어쓴 메기 세 마리가 너부러져 마지막 숨을 헐떡이고 있었다. 나는 구미가 당겼다. 그것들을 작대기로 끌어다가 둑에다 눕혀 두고 죽기를 흥미롭게 기다렸다. 그러나 이놈들은 죽기를 거부했다. 틀림없이 죽었겠지 하고 여길라치면 갑자기 널찍하고 못난 턱을 벌리며 또 한 번 숨을 내쉬는 것이었다. 죽을 운명에 저항하는 그들의 모습이 너무나 인상적이어서, 나는 빈 깡통을 하나 주워다가 그 속에 메기들을 집어넣었다. 녹조류 찌꺼기도 함께 담아 할머니 집으로 가져갔다.

나는 좀 막연한 이유로 녀석들이 좋아졌다. 그리고 그들을 더 잘 알고 싶어졌다. 그런데 제일 큰 문제는 우리들의 사귐이 무르익을 동안 그들을 어디다 두느냐 하는 것이었다. 그린헤지에는 세탁용 대야가 없었다. 대신에 욕조가 있기는 했지만 마개가 제대로 맞지 않아서 물이 오래 고여 있지를 못했다. 잠잘 시간이 다 되도록 나는 문제를 해결하지 못했다. 아무리 굳센 물고기라도 깡통 속에서는 하룻밤을 넘기기 힘들 거라는 생각이 들었다. 이런 절박한 상황에 쫓겨 우선 그들의 임시 숙소를 정하지 않을 수 없었다. 바로 할머니의 옛날식 변기였다.

당시 어린 나로서는 노인들이 흔히 겪는 요실금 따위는 알 턱이 없었다. 그래서 그날 밤 그렇게 빨리 할머니와 메기 사이에 그토록 극적이고도 뜻밖인 마주침이 가능했는지도 모른다.

그것은 할머니에게도 나에게도 충격적인 사건이었다. 아마 메기에게도 마찬가지였을 것이다. 그 뒤로 할머니는 두 번 다시 생선을 입에 대지 않았다. 또 밤마다 화장실에 갈 때면 고성능 손전등을 들고 다녀야 했다. 메기가 받은 영향에 대해서는 잘 알 수가 없었다. 무심한 내 사촌이 소동이 좀 가라앉자 아무렇지도 않게 변기의 물을 내려버렸기 때문이다. 나로 말하자면 그 경험은 동물 왕국의 시시한 짐승들에 대해서도 한결 같은 친밀감을 갖게 해주었다. 한 마디로 메기 사건은 내 경력의 서두를 장식했다. 처음에는 자연학자(naturalist: 박물학자라고도 한다. 동물학·식물학·광물학·지질학 등을 연구하는 학자로, 주로 동식물학자를 가리킨다. -옮긴이)로서, 그리고 나중에는 생물학자로서의 경력 말이다. 그렇게 늑대 굴로 가는 여정은 시작되었다.

살아 있는 자연 공부에 심취하면서 보다 성숙한 열애에 급속도로 빠져들게 되었다. 공부를 하다 보니 인간이란 존재도 황홀한 연구 대상이 될 수 있다는 사실을 알게 된 것이다. 나의 첫 스승은 스코틀랜드 출신의 중년으로, 얼음을 배달하며 생계를 유지하던 분이었다. 그런데 사실상 그는 열렬한 아마추어 포유동물학자이기도 했다. 유년 시절 옴인지 문둥병인지 아니면 다른 어떤 소아병을 앓은 탓인지, 그의 머리카락은 다 빠져버린 뒤 다시 나지 않았다. 이러한 비극 때문이었을까? 내가 그를 처음 알게 되었을 때, 그는 '여름 털갈이와 땅다람쥐의 자기애 초기 단계 사이의 상관관계' 연구에 15년이란 세월을 바치고 있었다. 이 양반은 땅다람쥐와 너무나 친숙한 나머지 쉬쉬하는 휘파람 소리로 녀석들을 꾀어 땅속 집에서 불러낼 수 있었다. 그러면 녀석들은 그가 자기 등의 털을 살펴보도록 순순히 내버려두는 것이었다.

내가 만나본 직업 생물학자들도 하나같이 다 흥미로운 사람들이었다. 열여덟 살 여름에 나는 어느 포유동물학자가 이끄는 연구단의 일원으로 현지 조사 작업에 참여했는데, 그 학자는 일흔이라는 나이에 온갖 학위를 가진 사람이었다. 과학계에서 그가 세운 드높은 업적은 주로 뒤쥐의 자궁 반흔에 대한 소모적인 연구로 얻은 것이었다. 이 양반은 미국 어느 큰 대학의 존경받는 교수로서 다른 어느 누구보다 뒤쥐의 자궁에 대해 잘 알고 있었다. 그는 자기의 주제를 참으로 열정적으로 이야기하곤 했는데, 그가 한 시간 동안이나 혼자 떠들었던 어느 날 저녁은 생각만 해도 지겨워 죽을 지경이다. 그는 난쟁이 뒤쥐 암놈의 성적 이상에 대한 일인극으로 모피 상인과 크리 인디언 여사와 성공회 선교사로 이루어진 관객들을 완전히 녹초로 만들었다. (상인은 강의를 잘 이해하지 못했지만, 선교사는 재미없는 논술에 다년간 단련이 되어 그럭저럭 금방 적응할 수 있었다.)

자연학자처럼 지낸 미성년 시절은 자유롭고 매력 있었다. 그러나 성년이 될 무렵 취미가 직업으로 바뀌어야 한다는 사실을 알게 되면서 사방이 옥죄어오는 느낌이 들었다. 자연사의 모든 양상에 대해 날카롭게 파고들 수 있는 일반 학도로서의 행복한 시절은 끝난 것이었다. 직업 생물학자로서 성공하기 위해서는 입맛에 맞지 않더라도 전문화의 필요성을 인정해야만 했다. 그렇지만 막상 대학에서 공부를 시작해봐도 범위를 좁혀서 선택하기는 어려웠다.

한동안 분변학(scatology, 糞便學)을 전공하는 친구를 따라 동물의 배설물을 연구할까 하고 고민한 적도 있었다. (나중에 이 친구는 미국 생물조사국의 고위 분변학자가 되었다.) 그러나 그 주제가 약간 흥미롭다 하더라도 나는 그 일을 필생의 업으로 여길 만큼 열정적으로 되지는 못했다. 게다가 그 분야는 이미 초만원이었다.

나는 개인적으로는 자기 서식지에 살고 있는 동물들을 연구하는 쪽이 더 좋았다. 곧이곧대로인 편인 나는 '생물학'이란 단어를 액면가 그대로 받아들여 '살아 있는 것들에 대한 학문'으로 여겼던 것이다. 나는 많은 동기들이 되도록이면 살아 있는 것들을 피하면서 썰렁한 연구실 안에만 자기를 가두려는 모순이 그저 알쏭달쏭할 뿐이었다. 그곳에서 그들은 생명 없는 (때로는 완전히 죽어버린) 동물 재료로 연구를 했다. 사실 내가 대학을 다니던 시절만 해도 산 것이든 죽은 것이든 동물과 조금이라도 상관이 있으면 점점 뒤처진다고 보는 분위기였다. 새 시대의 생물학자들은 통계적이고 분석적인 연구에 집중하고 있었다. 자연 그대로의 생물들은 계산기를 두드리기 위한 재료밖에 되지 않았다.

그러니 새로운 시대 흐름에 적응할 재간이 없던 나로서는 진로 문제가 순조로울 리 없었다. 동기들은 각자 비밀스럽게 자기만의 전문 분야를 골라 자리를 잡아가고 있었다. 한 분야에서 유일한 전문가라면 경쟁 걱정은 없다는 원리에 따라서 말이다. 그런데도 나는 여전히 내 관심 분야를 일반적인 것에서 특수한 쪽으로 돌리지 못했다. 졸업이 다가올 무렵 동기들은 대다수 좋은 조건의 연구직을 보장받고 있었다. 나는 생물학 시장에 특별히 내놓을 게 없었으니 할 수 있는 일이란 '공무원'이 되는 길뿐이었다.

캐나다 자치령 야생생물보호국의 소환을 받은 어느 겨울날 주사위는 던져졌다. 한 달에 120달러라는 넉넉한 급여에 채용이 되었으니 즉각 수도 오타와로 와서 '보고' 하라는 것이었다.

나는 한 치의 반감도 없이 이 단호한 명령에 복종했다. 대학에서 배운 점이 있다면 과학계의 위계는 심복다운 굴종까지는 아니더라도 높은 수준의 복종을 요구한다는 점이었으니 말이다.

이틀 후 나는 바람이 휘몰아치고 짙은 회색빛으로 뒤덮인 캐나다 수도 오타와로 갔다. 야생생물보호국은 음산한 미궁 안에 있었다. 여기서 수석 포유동물학자에게 도착 보고를 했다. 태평스러운 시절에는 내 학교 친구 정도로만 생각했던 그는, 놀랍게도 완연한 관료 과학자로 변신하여 근엄한 공무원의 분위기를 풍기고 있었다. 내가 할 수 있는 것은 단지 지나친 인사를 자제하는 것뿐이었다.

다음 며칠 간은 '오리엔테이션'이라는 과정을 통과해야만 했다. 내가 보기엔 사람을 작고 가망 없는 우울증 상태가 되도록 말랑말랑하게 만드는 프로그램이었다. 아무리 봐도 음울하고 포르말린 냄새가 진동하는 소굴에는 끝없이 따분한 자료를 수집하거나 무의미한 기록을 짜내는 관료들뿐이었다. 이런 사람들로 가득 찬 근엄한 부대를 보고 내가 새 직업에 대한 애착을 가질 리 만무했다. 이 기간 동안 배운 단 한 가지는 오타와의 관료적 위계에 비하면 일반 과학계의 위계는 무정부주의에 가깝다는 것이었다.

이런 태도는 기억에 오래 남을 어느 날 기지로 갈 때까지 남아 있었다. 검열 준비가 끝났다는 인정을 받은 후 나는 부국장실로 인도되었다. 그때 나는 계급 대신 '선생님'이란 호칭을 쓸 정도로 정신이 나가 있었다. 호송관은 얼굴이 허옇게 질린 채 벌벌 떨면서 슬며시 나를 화장실로 데리고 갔다. 그는 먼저 엿들을 사람이 없는지 칸막이마다 확인을 했다. 그리고 고뇌에 찬 표정으로 내게 속삭였다. 쫓겨날 각오가 아니라면 어떠한 일이 있어도 부국장님을 부를 때 '대장님' 이외의 호칭을 쓰면 안 된다고, 보어 전쟁에서 얻은 '대령님' 이란 호칭만은 예외라고 말이다.

이곳에서 군대의 호칭은 관례였다. 모든 기록의 서명은 지휘 계통에 따라 아래로는 '대위 아무개' 나 '중위 아무개' 였고, 위로는 '대령 아무개' 나 '준장 아무개' 였다. 아무런 군대 계급이 없는 직원들은 알맞은 계급을 임시로 만들어 쓸 수밖에 없었다. 연장자인 경우 지휘관급 계급을 쓰고, 어린 경우는 중위나 소위 계급을 썼다. 그런데 이 문제를 모두 다 진지하게 생각한 것은 아니었다. 어업 분야의 신입 직원 하나는 상관에게 '상병 직무대행 제이 스미스' (직무대행은 주로 지휘관급의 장교들이 쓴다. 즉 이 직원은 우스꽝스럽게 장교 흉내를 낸 것이다. -옮긴이)라고 서명을 한 문서를 올려 갑자기 유명해졌다. 일주일 후 이 무모한 청춘은 최북단에 있는 엘즈미어 섬 (Ellesmere Island: 캐나다 최북단에 있는 섬으로 북위 75도 이상부터 북극해까지 걸쳐 있다. -옮긴이)으로 떠나야만 했다. 얼음집에서 지내며 큰가시고기의 생활사를 조사하는 유배 생활을 해야 했던 것이다.

그러한 엄숙한 분위기 속에서 경솔함은 용인될 수 없었다. 나의 첫 임무에 대한 회의에 참석했을 때였다.

회의실 탁자에는 임무 수행에 필요한 임시 자료 목록이 놓여 있었다. 엄숙한 낯빛들이 주위를 둘러싸고 있었다. 그것은 공식 규칙에 따라 5부씩 복사를 한 어마어마한 양의 문서로서 고압적인 제목이 붙어 있었다.

늑대 프로젝트 수행을 위한 작전필수품 목록

엄숙한 분위기에 이미 무기력해진 나는 곧이어 완전히 냉정을 잃고 말았다. 참석자들이 이 끔찍한 문서의 열두번째 항목을 논할 때였다.

화장실용 두루마리 휴지(정부 표준규격): 12개

재무 부서에서 대표로 온 사람이 경제성을 고려하여 이 항목의 양을 줄일 수 있다고 엄숙히 제안했다. 현장 파견대가(나 하나였다) 최대한의 절제를 수행한다면 가능하다고 했다. 순간 나는 발작적으로 낄낄낄 웃고 말았다. 나는 곧바로 자제했지만 때는 이미 늦어버렸다. 가장 높은 양반 둘이('소령님들'이었다) 일어나더니 싸늘하게 인사를 하고는 아무 말 없이 나가버렸다.

오타와에서 겪은 시련은 끝나가고 있었다. 그러나 아직 절정에 이르지는 못했다. 어느 이른 봄날 아침 나는 내 직속 상관인 고참 장교의 방으로 불려갔다. '현장에 투입'되기 전에 마지막 면담을 하기 위해서였다.

상관은 묵직한 책상 너머에 앉아 있었다. 먼지가 수북이 쌓인 책상은 누런 그라운드호그(Groundhog: 북아메리카 마못. 다람쥐과 동물 중 가장 큰 종류로, 몸길이가 30~60cm, 꼬리길이가 10~25cm, 몸무게가 3~7.5kg이다. -옮긴이)의 두개골들로 어수선했다. (그는 1897년 공직에 들어선 이후 줄곧 그라운드호그의 충치 비율을 연구해왔다.) 그의 뒤로는 찌푸린 표정에 턱수염투성이인, 고인이 된 어느 동물학자의 초상화가 사납게 나를 내려다보고 있었다. 포르말린 향이 장의사의 뒷방에서 나는 역겨운 냄새처럼 진동했다.

오랜 침묵 뒤 두개골 몇 개를 만지작거리던 상관은 나에게 간결하게 지시하기 시작했다. 하도 엄숙해서 마치 국가원수 암살 임무를 지령받는 특수 요원이 된 기분이었다.

"모왓 소위 자네도 알다시피……."

상관은 말문을 열었다.

"늑대 문제는 국가적으로 중차대한 문제가 되었다. 지난 한 해만 봐도 연방 하원의회에서 우리 부처에다 심심한 우려를 표시한 공문을 자그마치 37건이나 보내왔다. 모두 늑대를 우리가 어떻게 좀 해야 하지 않느냐 하는 유권자들의 심심한 우려였다. 불만 사항은 주로 낚시나 사냥 협회처럼 공공 문제에 관심이 많은 사심 없는 단체들에서 나온 것이다. 동시에 유명 총포 브랜드 제조자 같은 업계의 불만은 이 나라 유권자 다수의 정당한 민원을 지원하는 쪽에 무게를 실어주었다. 그 불평이란 늑대들이 순록을 모조리 죽여버리는 것 때문이다. 날이 갈수록 우리 국민들이 사냥터에서 잡을 순록이 점점 줄어든다는 것이다."

"자네도 들었는지 모르지만 내 전임자는 장관님에게 이 상황이 다행스러운 일이라고 보고한 적이 있다. 순록이 줄어든 것은 사냥꾼 수가 너무 늘어나 순록의 다섯 배까지 된 것 때문이라고. 장관님은 한 치의 의심도 없이 이 엉터리 보고를 국회에 가서 낭독하셨지. 그러자 곧바로 의원들에게 망신을 당한 것이다. '거짓말쟁이!', '늑대 애호가!' 하는 소리를 들으며 말이다."

"3일 후 그 전임자는 옷을 벗었다. 그리고 장관님은 이런 성명을 발표했지. '광업자원부는 늑대 무리가 순록에게 가하는 대학살을 억제하기 위해 최선의 노력을 다하기로 한다. 이 중차대한 문제에 대한 전면적인 조사를 즉각 실시할 것이다. 이 과정에 부처의 모든 자원을 다 활용할 것이다. 국민들이 안심할 수 있도록 정부는 이 참을 수 없는 상황을 종식시키기 위해 모든 수단을 다 동원할 것이다' 라고 말이야."

이 부분에서 상관은 유난히 듬직한 그라운드호그 두개골을 집어들더니 리듬에 맞춰 턱을 딸깍거리기 시작했다. 마지막 말을 강조하기 위해서인 것처럼 말이다.

"모왓 소위 자네는 이런 막중한 임무에 차출된 것이다! 즉각 야전으로 가서, 우리 부처의 위대한 전통에 걸맞은 방식으로 이 문제에 달려드는 일만 남았다. 늑대 문제는 이제 모왓 소위 자네에게 달렸다!"

어쨌건 나는 비척거리며 일어났다. 그리고 마지못한 자세로 오른손을 들어 삐딱하게 경례를 하고는 방을 빠져나왔다.

그날 밤 나는 오타와에서 벗어날 수 있었다. 캐나다 공군 수송기를 타고 날아간 1차 목적지는 허드슨 만 서안에 있는 처칠(캐나다 중부의 매니토바 주 동북부의 도시 -옮긴이)이었다. 그러나 내 최종 목적지는 그 너머 아북극(亞北極: 북위 66도 이북을 북극권이라 부르는데, 아북극은 그 이하의 북위 60도 전후까지의 지역을 일컫는다. -옮긴이) '불모지대'의 적막한 어딘가였다. 그곳에서 나를 기다리고 있는 것은 늑대라는 존재였다.

늑대주스를 맛보다

　공군 수송기는 쌍발 엔진이 달린 30인승이었다. 그런데도 내 '작전필수품'을 모두 싣고 나니 승무원들과 내가 탈 자리가 모자랐다. 조종사는 팔자 콧수염을 기른 마음씨 좋은 공군 대위였다. 그는 내가 짐 싣는 모양을 보며 한마디로 입이 떡 벌어졌다. 나에 대해 그가 아는 유일한 정보는 내가 정부의 어느 직원이며 특수 임무를 수행하기 위해 북극으로 간다는 것이었다. 절거덕 소리나는 커다란 늑대 덫 세 개를 들어올리고, 꼭 양 끝이 없는 욕조처럼 생긴 접이용 카누의 중간부까지 싣자 그는 점점 더 황당하다는 표정이었다. 누군가는 이 카누의 선수와 선미 부분을 서스캐처원 사막 남부에서 방울뱀을 연구하고 있던 어느 생물학자에게 보냈다고 했다.
　다음에는 무기가 실렸다. 라이플총 두 자루, 권총집과 탄띠까지 완비된 연발 권총 하나, 산탄총 둘, 그리고 최루탄 상자가 하나 있었다. 최루탄은 살던 굴을 떠나기 싫어하는 늑대들을 쫓아내어 사살하기 위한 것이었다. '위험'이라고 눈에 잘 띄게 표시한 연기 발생기도 두 대가 있었다. 길을 잃거나 어쩌다 늑대에게 포위당하기라도 할 때 항공기에게 신호를 보내기 위한 것이었다. 마지막으로 '늑대잡이' 한 상자가 내 무기고를 장식했다. 이 지독한 장치는 짐승이 건드리면 주둥이에다 시안화칼륨(청산가리)을 한 방 먹이도록 만들어놓은 것이었다.

다음은 과학 장비였다. 5갤런짜리 깡통이 두 개 올라오자 조종사의 눈썹이 쓰고 있는 모자에 닿도록 치켜 올라갔다. 깡통에는 '심장 표본 보존용 100% 곡물(에틸) 알코올'이라고 되어 있었다.

텐트, 캠프용 난로, 침낭, 도끼 일곱 자루(지금까지도 나는 그것이 왜 일곱 개나 되었는지 알 수가 없다. 내가 간 곳은 나무가 별로 없는 지대라서 한 자루만으로도 충분했을 것이기 때문이다), 스키 장비, 스노슈즈, 개 장구(裝具), 라디오 송수신기, 그리고 셀 수 없이 많은 상자와 짐짝들이 차례로 실렸다. 내용물이 불가사의한 것은 조종사뿐만 아니라 나도 마찬가지였다.

짐을 다 싣고 줄로 잘 묶은 뒤, 조종사와 부조종사 그리고 나는 짐 더미 너머로 기어서 조종실로 비집고 들어갔다. 군대 안전 수칙을 충분히 교육받은 조종사는 내 기괴한 여행 장비의 성격과 목적에 대한 무성한 호기심을 일단 접었다. 대신 우울한 말 한마디로 자신의 관심을 돌렸다.

"구식 날틀로 이렇게 많은 짐을 싣고 뜰 수 있을까?"
하고 그가 말했다. 속으로는 나도 같은 걱정을 하고 있었다. 그러나 비록 덜거덕거리고 불길하게 삐걱댔지만 비행기는 그럭저럭 이륙에 성공했다.

북쪽으로 가는 비행은 길고 평온했다. 제임스 만 상공에서 엔진 한쪽이 망가진 점을 빼놓고는 말이다. 그래서 우리는 내내 꽤 짙은 안개를 헤치며 500피트 고도로만 비행을 해야 했다. 이러한 작은 돌발 사태 때문에 조종사는 내가 누구이며 어떤 임무를 띠고 있는지 궁금증을 잠시 억눌러야 했다. 그러다 마침내 처칠에 착륙하자 그는 더 이상 호기심을 참을 수 없었던 모양이다.

"나하고는 아무런 상관이 없는 일인지 알지만 말이야."

격납고로 걸어가다 그가 계면쩍은 듯 말을 꺼냈다.

"그런데 이 친구야, 도대체 이게 뭐하는 일이지?"

"아, 네."

나는 쾌활하게 대답했다.

"늑대들하고 한 1, 2년쯤 함께 지내려고 가는 길입니다. 단지 그 뿐입니다."

그가 얼굴을 찌푸리는 모양은 꼭 버릇없이 굴다 꾸지람을 듣는 어린아이 같았다.

"미안하네."

그는 뉘우치듯 웅얼거렸다.

"물어보는 게 아니었는데······."

궁금해하는 사람은 조종사만이 아니었다. 처칠에서 나를 내륙 오지로 데려다줄 부시 비행기(민간 비정기노선 비행기 −옮긴이) 탑승 수속을 밟으려 할 때였다. 나는 있는 그대로 솔직히 여행 목적을 설명했고, 거의 인적이 없는 황야 어딘가에 정착하게 될지 전혀 모른다고도 했다. 그러자 사람들은 불신에 가득 차 적대적으로 노려보거나 의심스러운 눈초리로 힐끗거렸다. 그렇다고 해서 고의적으로 피하고 싶지는 않았다. 나는 오직 오타와에서 받은 작전 수행 명령을 따르려고 할 뿐이었다.

제3조 (C)항 (iii)호
귀관은 처칠에 도착하는 즉시 항공편을 빌려 적정 방향으로 일정 거리만큼 나아간다. 그래서 적합한 늑대 분포가 확인되고 귀하의 작전 수행 향상을 위해 최적인 지점에 '기지'를 설치한다.

이런 지시 사항들은 어조는 엄격했지만 세부 사항에서는 결여된 부분이 많았다. 지금 생각하면 당시 처칠 주민의 절반이 나를 고급 금광석 절도단의 일원으로서 동료 공범과 접촉을 시도하는 자로 결론을 내린 것은 당연한 일이다. 동시에 나머지 절반이 나를 광막한 내륙의 '불모지대' 어딘가에 대한 은밀한 광산 계획 정보를 입수한 시굴자(試掘者)로 여긴 것도 당연하다. 나중에 이 두 가설은 모두 훨씬 더 흥미로운 가설이 등장하자 폐기되었다. 몇 달 사라진 뒤 내가 마침내 처칠에 다시 나타나자, 내 '본연의' 임무는 보다 공적인 특성을 띤 것으로 바뀌어 있었다. 그 몇 달 동안 실제로 나는 부빙(浮氷)을 타고 북극점 주위를 떠다니며 마찬가지로 부빙에 떠다니는 러시아인들을 정찰했다는 것이었다. 내게 있던 곡물 알코올 두 깡통은 보드카로 알려졌다. 극비 사항을 캐내기 위해서는 목이 바싹 타 있는 러시아인들의 혀를 녹일 필요가 있었다면서 말이다.

이야기가 그렇게 퍼지면서 나는 일종의 영웅이 되어버렸다. 하지만 처칠에 도착한 직후 음산하고 눈 덮인 거리에서 조종사를 구하러 다닐 즈음만 해도, 나는 아직 영웅의 지위를 얻지 못한 상태였다. 나와 대화한 사람들은 대부분 비협조적이었다.

얼마쯤 지나, '불모지대'에 있는 자기 오두막으로 가는 사냥꾼들을 낡은 페어차일드 스키비행기로 태워주면서 불확실한 생계를 이어가는 조종사를 하나 찾을 수 있었다. 그에게 내 문제를 털어놓자 그는 발끈했다.

"이보쇼."

그가 소리쳤다.

"자기도 모르는 데다 비행기를 몰고 가자고 하는 건 미친놈들이나 하는 짓이야. 미친놈이 아닌 다음에야 늑대 떼거리하고 어디 가서 살림을 차리겠다는 소릴 곧이곧대로 알아먹으라는 건가. 비행기

운전수는 다른 데 가서 알아보쇼. 바빠서 장난칠 시간 없으니깐."

당시에 처칠이라는 판자촌에는 비행기 조종사가 더 이상 없었다. 내가 도착하기 직전에만 해도 세 명이나 있었는데 말이다. 하나는 허드슨 만에서 북극곰을 쏘아 잡기 위해 떠다니는 해빙(海氷)에 착륙하려다 계산 착오를 했다. 그 공격에서 살아남은 것은 곰뿐이었다. 또 하나는 위니펙에 융자를 신청하러 갔다. 전에 쓰던 비행기 날개가 이륙하다 망가져버려 새 비행기를 마련해야 했기 때문이었다. 나머지 하나는 당연히 너무 바빠서 장난칠 시간이 없는 사람이었다.

원래 임무에 충실할 수 없었던 나는 차선으로 오타와에 다른 지시를 바란다는 무전을 쳤다. 응답은 빨리도 왔다. 엿새가 지나서 말이다.

귀관의 문제 이해 불가 끝. 임무는 명백 끝. 잘 이행하면 문제 소지 없을 것 끝. 민간 무전은 긴급시에만 이용하며 절대 절대 전문이 열 단어를 넘지 않도록 끝. 2주 내로 늑대와 긴밀 접촉하는 중간 진전 기대 끝. 부처 예산 무전 비용은 긴급 사항만 열 단어까지 지원 최대한 간결 요망 끝. 카누가 반쪽이라니 무슨 뜻 끝. 초과 무전 비용 귀관 급여에서 감함 끝.

포식방어과장

확실치는 않았지만 위니펙에 간 조종사가 돌아오기를 기다리는 수밖에 없었다. 그동안 나는 마을 호텔에 묵었다. 바람 부는 날이면 벽의 쩍 벌어진 틈 사이로 작은 눈송이가 날아들어와 쌓이는, 삐걱거리는, 다름 아닌 헛간이었다. 그렇기는 해도 처칠에서 지낸 나날처럼 좋은 때가 없었다.

그렇지만 나는 나태해지지 않았다. 처칠은 선교사, 창녀, 기마 경찰, 주류 밀매업자, 사냥꾼, 모피 밀수업자, 모피 상인 등등의 흥미로운 인물들로 가득했다. 그들은 모두 자연스레 늑대 문제의 권위자가 되어 있었다. 나는 그들을 하나씩 찾아가 그들이 들려주는 이야기들을 열심히 주어모았다. 이들 취재원으로부터 얻은 흥미로운 정보는 거의가 과학책에서는 찾아볼 수 없는 것들이었다. 나는 늑대가 북극권역에서 매년 사람을 수백 명씩 잡아먹으면서도, 임신한 에스키모는 절대 공격하지 않는다는 소문을 듣게 되었다. (나에게 이 놀라운 정보를 준 선교사는 늑대가 임신한 고기를 싫어한 덕에 에스키모의 출산율이 높다고 확신했다. 그리고 그 결과 에스키모들은 유감스럽게도 영적인 문제보다는 생식 문제에만 관심을 쏟게 되었다고 했다.) 늑대에게 4년마다 온 몸에 탈모 현상이 일어나는 특이한 질병이 있다는 이야기도 들었다. 그러는 동안에 녀석들은 너무 순해져서 가까이 다가가면 공처럼 몸을 동그랗게 웅크린다고 했다. 사냥꾼들은 늑대가 순록 떼들을 멸절시키고 있다고 알려주었다. 늑대 한 마리가 순록 수천 마리를 단지 피에 굶주려서 죽인다는 것이었다. 자신들은 극심한 도발을 당하지 않는 이상 순록 한 마리도 쏘는 법이 없다면서 말이다. 정착촌에서 일하는 어느 여성은 미군 공군기지가 주변에 생긴 이후 늑대 숫자가 무한정 늘어났다는 묘한 정보를 주기도 했다. 그러면서 늑대에게 물릴 경우에는 사람도 곧바로 늑대를 물어버리면 된다고 했다.

조사 초기에 어느 늙은 사냥꾼이 나에게, 내가 늑대 애호가이니 늑대주스를 한잔하겠느냐고 했다. 나는 그 음료를 별로 즐길 것 같지는 않지만, 명색이 과학 연구자(Scientist: 일반적으로 '과학자'라고 하지만 이 책에서는 저자가 비판하는 관료적 과학자와 구분하는 의미에서 '과학 연구자'로 표현한다. -옮긴이)로서 늑대와 상관이 있는 것은 도움이 될 터이니 닥치는 대로 한번 겪어보자고 했다. 노인은 처칠에서 유일한 맥주집(보통 내가 가지 않는 곳)으로 나를 데려가 늑대주스를 맛보여주었다. '무스(Moose: 말코손바닥사슴. 낙타사슴이라고도 하며, 말보다 크다. 몸길이가 2.5~3m, 어깨높이가 1.5~2m, 몸무게가 약 800kg이다. -옮긴이) 표 맥주'라는 것에다 공군기지 군인들에게서 얻은 부동액용 알코올을 멋대로 섞은 음료였다.

늑대주스 세례를 받은 뒤 첫 진전 보고서를 제출했다. 필기체로 휘갈겨 쓴 것으로 (내가 계속 부처 소속으로 일하기 위해서는 다행스럽게도) 판독이 불가능했다. 오타와에는 단 한 단어도 읽을 수 있는 사람이 없었다. 때문에 그 보고서는 엄청나게 박식한 것으로 알려졌다. 보고서는 내가 알기로 아직 부처에 보관되어, 늑대에 대한 전문적 자료가 필요할 때 정부 내 전문가들이 참고하고 있다. 지난 달까지만 해도 내가 만난 어느 생물학자는 그 보고서를 본 뒤 그것이 많은 권위자들에 의해 늑대에 대한 최종 보고서로 여겨지고 있다고 했다.

처칠에서 마지못해 지내는 동안 늑대에 대해 흥미로운 사실을 수집하기만 한 것은 아니었다. 독자적인 발견을 하기도 했다. 어쩌면 훨씬 더 중요한 사실들을 말이다. 내가 가져온 실험실용 알코올을 무스 표 맥주와 조금씩 섞으면 아주 맛이 좋은 늑대주스를 다채롭게 만들어낼 수 있다는 사실을 알게 되었다. 나는 사려 깊게 무스 표 맥주 캔 열다섯 개를 내 '작전필수품' 목록에 추가했다. 포름알데히드 몇 갤론도 샀다. 장의사라면 누구나 인정하듯이 그것은 죽은 동물조직을 위한 방부제로서 적어도 곡물 알코올만큼은 훌륭하기 때문이었다.

무사 착륙

처칠에서의 강제 체류는 5월의 마지막 주에 끝이 났다. 사흘 동안은 눈보라가 대단했다. 셋째 날에는 앞을 가리는 눈 돌풍으로 시계(視界)가 제로로 떨어져버렸다. 이 마당에 비행기 한 대가 고도 제로로 호텔 지붕 위를 날아가더니 마지막 떨림과 함께 인근 연못 얼음 바닥에 털썩 내려앉았다. 비행기는 바람에 날려갈 판이었다. 아마 맥주집에 있던 우리가 쫓아나가 날개를 붙잡지 않았더라면 그랬으리라.

이 비행기는 지독하게 낡은 쌍발기로서 1938년에 군사 훈련기로 제작된 기종이었다. 다년간의 복무 끝에 폐기된 것을 껑충하고 눈이 움푹한 전직 영국 공군 조종사가 마침내 소생시킨 것이었다. 그는 캐나다 북부 지역에 자기 항공 노선을 신설한다는 환상을 갖고 있었다. 우리가 붙들어 매느라 낑낑대고 있을 때 그는 삐걱거리는 기체 위에서 내려왔다. 얼굴을 감고 있는 길디긴 버찌색 실크 스카프를 풀어 젖히더니 자기 소개를 했다. 자기 말로 그는 북서쪽으로 700마일 정도 떨어진 옐로나이프(Yellowknife: 노스웨스트 준주의 주도. 노스웨스트 준주는 북위 60도부터 북극에 이르는 방대한 지역으로서 이 이야기의 '불모지대'도 주로 이곳 일대를 가리킨다. -옮긴이)에서 왔으며, 더파(The Pas: 매니토바 중서부의 도시로 처칠보다는 위도가 더 아래다. -옮긴이)라는 곳으로 가던 중이라며,

"여기가 더파인가요?"

하고 물었다. 우리는 조심스럽게 더파는 남서쪽으로 400마일쯤 떨어진 곳에 있다고 말했다. 이 말에 그가 동요하는 것 같지는 않았다.

"아, 뭐, 폭풍 만나 아무 항구면 어떠리."

그가 호쾌하게 말했다. 느릿한 정비사와 합류한 뒤 그는 우리와 함께 맥주집으로 갔다.

같은 날 시간이 조금 흐른 뒤 나는 내 어려움을 그에게 털어놓고 있었다.

"걱정할 거 없어요."

말 없이 주의 깊게 내 말을 끝까지 듣더니 그가 말했다.

"내일 당장 날틀에다 기름 넣고 어디든 데려다 드리지. 북서쪽 비행, 거 제일 좋은 코스예요. 나침반이란 놈 그거 믿을 게 못 되요. 바짝 낮춰서 잘 날아가는 거지요. 그러다 늑대들 많은 곳에 내려다 드리지. 그리고 나면 무사 착륙이지 뭐!"

다음 3일 간은 비행하기가 마땅치 않았지만 그는 자기의 말을 지킬 수 있을 만큼 훌륭했다. 우선은 지면을 덮은 구름 때문에 그랬고, 다음은 착륙장치의 수압 실린더가 내려앉은 탓에 스키비행기가 심하게 절뚝거렸다. 날씨는 어쩔 수 없었지만, 우리는 밀봉 기름을 쳐서 수압 실린더를 회복시킬 수 있다는 사실을 알아냈다. 그러고 나서도 여전히 샜지만 비행기는 한 번에 20분 정도는 평형을 유지할 수 있었다. 오리가 죽을 때처럼 한쪽으로 기울기 전까지 말이다.

넷째 날 아침 우리는 떠날 채비를 했다. 짐을 많이 실을 수 없었기 때문에 '작전필수품' 중 일부를 버려야만 했다. 쓸모없는 카누 겸 욕조를 포함해서 말이다. 하지만 나는 이 양호한 상태에 캔버스 천으로 덮어놓은 17피트짜리 카누를 알코올 1갤런과 바꾸기로 마음먹었다. 그랬더니 조종사가 장담하기를 카누를 동체 배에다 묶어서 가져갈 수 있다고 했다.

이 시점에서 나는 선의로 도와주는 이 양반에게 약간 개운치 않은 수법을 썼다. 내 무스 표 맥주는 필수품 항목에서 빠져 있었기 때문에 이 방법을 쓸 수밖에 없었다. 어느 저녁 손전등을 비추다 무스 표 맥주 열다섯 상자 모두가 카누에 쏙 들어갈 수 있음을 알게 된 것이다. 그렇게 해서 비행기 동체에다 단단히 받쳐 묶으면 다른 필수품에 전혀 지장 없이 운반이 가능할 것 같았다.

떠나는 날은 화창했다. 동쪽에서 불어오던 바람은 시속 40마일로 잦아들었다. 우리가 검은 바다 안개를 뚫고 이륙할 때는 눈발도

날리지 않았다. 처칠은 시야에서 곧 사라졌고 우리는 북서쪽으로 원을 그리며 날아갔다.

이륙 자체는 사실 그리 쉬운 일이 아니었다. 전날 날씨가 좋아 잠시 해빙하는 사이 기체의 스키가 눈 녹은 진창 속에 1, 2인치 파묻혔었다. 그러던 것이 바닥의 얼음과 함께 얼어붙어버린 것이다. 첫번째 이륙 시도는 점점 가라앉는 점강적(漸降的) 형세였다. 엔진이 둘 다 고통스럽게 그르릉거렸지만 기체는 미동도 하지 않았다. 이 완강한 반항에 조종사도 정비사도 어리둥절해졌다. 그러자 맥주집에 있던 사람들이 몇몇 달려나와 비행기의 신음 소리에 덮여 들리지도 않았지만 뭐라고 외치기 시작했다. 스키를 가리키며 말이다. 그제서야 우리는 왜 곤경에 빠졌는지 이해했다. 이렇게 여러 사람들이 나서서 도와준 덕분에 결국 기체를 움직일 수 있었다. 그렇지만 그것도 연약한 실린더가 헌 탓에 밀봉 기름을 치는 얼마간 더 지체를 한 다음의 일이었다.

마침내 이륙 활주를 할 수 있도록 홀가분해지자 이번엔 기체가 날기를 거부하여 조종사를 난처하게 만들었다. 조절판을 완전히 열어놓고 작은 호수 위를 미끄러져 내려갔지만 얼음판을 벗어나지 못했다. 마지막 순간에는 조종사가 방향타를 완전히 위로 젖혀버렸다. 우리는 미끄러지면서 큰 눈방울들을 마구 쏘아올렸다. 그러다 넘어질 뻔한 끝에 겨우 출발점으로 돌아올 수 있었다.

"더럽게 희한하네."

조종사가 말했다.

"얘가 지금 떠야 되요. 그렇잖아요. 정말 그래야 정상인데. 아, 뭐, 예비 연료통이라도 떼내서 얘를 좀 가볍게 만들어주는 수밖에."

예비 연료통은 처칠로 돌아올 때 쓰기 위한 것이었다. 그걸 버린다니 좀 무분별한 처사가 아닌가 하는 생각이 들었지만, 책임자는 그였기에 잠자코 있었다.

예비 연료 없이 다시 비행기를 본연의 목적대로 쓰기 위한 시도(한 번 더 실린더에 펌프질을 한 다음에)를 해 보았다. 그러나 자기 용도대로 쓰이길 특별히 반기는 것 같지 않았다. 300피트 이상은 한사코 올라가기를 거부했다. 양 엔진의 회전계는 각 계기판의 4분의 3 정도에 고정으로 머물러 있었다.

"높이 올라갈 필요는 없지."

조종사가 신나서 소리쳤다.

"늑대가 안 보일지도 모르니까. 이제 눈 똑바로 뜨고 있어야 돼요."

나는 목을 쭉 뽑아 어지러이 금이 간 플라스틱 창밖을 잘 바라보려고 했다. 그러나 별 소용이 없었다. 우리는 어두운 회색 구름 한가운데를 날고 있었기에 날개 끝이 제대로 보이지 않을 정도였다. 늑대라곤 흔적조차 찾아볼 처지가 아니었다.

세 시간 동안이나 웅웅거리며 날기만 했다. 아래에 펼쳐진 세상을 보기 위해서라면 차라리 어디 사탕꿀통 안에나 푹 잠겨 있는 것이 나았을지도 모른다. 그러다 조종사가 갑자기 비행기를 급강하시키면서 소리쳤다.

"이제 내려갑니다! 연료가 돌아갈 수 있을 만큼만 남았거든요. 그래도 여긴 늑대 왕국이네. 제일 멋진 종류로 말이야!"

우리는 30피트 정도의 고도에서 구름 아래로 벗어났다. 그러고 보니 우리는 높은 바위산 가운데로 난 널따란 골짜기를 넘어 얼어붙은 호수 위로 날아가고 있었다. 조종사는 단 한순간도 주저하지 않고 착륙을 했다. 이전에 그의 조종술에 대해 뭐라고 생각했건 나는 그가 한 이번 곡예비행을 보고 상당히 큰 감명을 받았다. 그는 성한 한쪽 스키 다리로만 착륙한 것이었다. 기체가 거의 완전히 속도를 잃은 다음에야, 그는 부실한 오른쪽 다리도 슬며시 지면에 닿을 수 있도록 고삐를 늦추었다.

그는 시동을 끄지 않았다.

"다 왔네요, 친구."

그가 흥겹게 말했다.

"이제 내려야죠. 서둘러야 해요. 우리가 처칠이 보이는 곳까지 돌아가기 전에 어두워질 테니까."

잠에 취한 정비사가 갑자기 튀어올랐다. 내가 보기에는 순식간에 산더미 같은 짐이 얼음 위에 내려져 있었다. 카누도 이미 풀어 놓았다. 그리고 착륙장치의 실린더도 다시 펌프질을 하여 곧추세웠다.

조종사는 카누 안에 든 물건들을 흘깃 보더니 유감스런 표정을 지었다.
"신사답지 못한 일이죠?"
그가 말했다.
"아, 뭐, 필요하긴 할 테지만. 좋은 게 좋은 거지 뭐. 아무튼 우리 날틀이 떨어지지만 않는다면 가을쯤 한 번 와 보죠. 그래도 걱정하지 말아요. 근처에 에스키모들이 많을 테니까. 그 사람들이면 언제든 처칠에 데려다줄 테니까."
"고맙습니다."
기어 들어가는 소리로 내가 대답했다.
"알아둘 필요가 있어서 그런데요, 여기가 어딘지 좀 알려주실 수 있을까요?"
"미안하게 됐네요. 나도 잘 모르거든요. 처칠에서 북서쪽으로 300마일쯤이라고 할까? 그 정도면 가까워요. 이 동네 지도가 없으니……. 그럼 안녕히."
동체의 문이 쾅 닫혔다. 엔진은 예정된 대로 최대한 큰소리로 그르릉거렸다. 비행기는 기압 마루에 부딪치며 가다가 마지못해 고개를 쳐들더니 마침내 잔뜩 낀 구름 사이로 사라져버렸다.
그렇게 해서 나는 내 기지에 무사히 도착했다.

늑대는 늑대가 아니었다

내 주변을 둘러보았다. 황량하면서 구름으로 뒤덮인 언덕, 압력을 받아 잔물결이 잡힌 얼음 잔해, 그리고 골짜기 너머 적막하며 나무 한 그루 잘 보이지 않는 울퉁불퉁한 툰드라 지대. 이 모든 것들을 볼 때 이곳은 틀림없이 늑대의 왕국이었다. 실제로 나는 여러 마리 늑대가 벌써 숨어서 위험한 호기심으로 나를 쳐다보는 느낌을 받기도 했다. 나는 내 장비 더미를 파헤쳐서 연발 권총을 찾아냈다. 그리고 내 처지에 대해 곰곰이 생각해보기 시작했다.

그다지 순조롭지는 않은 것 같았다. 사실상 보기에는 키웨이틴 '불모지대'의 심장부까지 뚫고 들어온 것이었다. 그리고 나는 일종의 기지를 차린 셈이었다. 비록 위치가 육지와는 멀리 떨어진 호수 얼음 위라서 아쉬운 점이 많았지만 말이다. 여기까지 나는 지시 사항을 엄격히 준수하고 있었다. 그런데 작전 명령의 다음 항목이 난제였다.

제3조 (C)항 (iv)호

상설 기지를 설치한 직후, 카누를 타고 물길을 따라 주변 지역에 대한 광범위한 일반 조사에 착수한다. 조사를 심도 있고 통계적으로 의미가 있을 정도로 깊이 있게 진행한다. 그리하여 늑대의 개체 수별 서식 범위 비율을 구하며, 연구 대상과의 접촉을 형성하고······.

나는 기꺼이 지시대로 따르고자 했다. 하지만 발아래 얼음은 어딘가 견고한 것이, 카누를 타는 일은 영원히는 아니더라도 적어도 몇 주 정도는 유예해야 한다고 넌지시 알려주고 있었다. 더욱이 별다른 대체 교통수단이 없는 이상, 어떻게 산더미 같은 장비를 마른 땅 위 상설 기지로 옮기기 시작할 것인지 가늠할 수가 없었다. 연구 대상과의 접촉을 형성하는 일은, 늑대가 먼저 주도적으로 추진하지 않는 이상 한마디로 그 순간에는 불가능해 보였다.

그것은 심각한 궁지였다. 나에게 내려진 명령은 기상청과의 긴밀한 협의 후에 작성한 것이었기 때문에, 우리 부처는 '불모지대'의 중심부에 있는 호수나 강이 '대개' 내가 도착할 즈음이면 해빙할 때일 것이라고 확실히 믿고 있었다.

오타와에서 받은 오리엔테이션 과정에 따르면 다른 부처에서 나온 정보에 대해서는 의문을 갖는 것이 아니었다. 그러므로 그러한 정보를 바탕으로 한 야전 작전이 실패할 경우, 그것은 언제나 야전에 나간 사람의 잘못이었다.

그러한 상황에서 내가 할 수 있는 일은 단 한 가지뿐이었다. 오타와에 처음 보낸 무전에 대한 반응이 시원찮았다 하더라도 한 번 더 새로운 지시를 구하는 수밖에 없었던 것이다.

나는 재빨리 휴대용 무전기를 끄집어내어 상자 더미 위에다 설치했다. 이전에는 이 장비를 살펴볼 시간적 여유가 없었기 때문에 '안내서'를 여는 순간 적이 소스라치게 놀라고 말았다. 지급받은 모델은 산림 감시 대원용이라 보통 20마일 이상 거리에는 쓸 수 없다고 되어 있었기 때문이다. 그래도 나는 안내서에 따라 배터리를 연결하고, 안테나를 세우고, 손잡이를 돌린 다음, 버튼을 눌러서 무전기를 켰다.

그런 이동통신기기를 나에게 인가해준 교통부에서 멋대로 지은 내 호출부호는 여자 이름인 '데이지 메이'였다. 잠시 후 데이지 메이는 아북극 어스름한 하늘 아래에서 구슬프게 아우성쳤다. 아무런 대답도 들려오지 않았다. 안내서에 있는 비관적 설명을 숙명적으로 받아들일 준비를 하고 부질없는 시도를 포기할 무렵이었다. 헤드폰에서 들리는 지직거리는 잡음 속에서 사람 목소리의 엷은 메아리가 감지되었다. 나는 서둘러서 주파수를 맞췄다. 시간이 조금 흐른 뒤 그 빠른 재잘거림이 스페인 말이라는 것을 식별할 수 있었다.

지금부터 자세히 말할 내용이 일부 독자들이 갖고 있는 신뢰에 손상을 줄 수 있다는 사실을 알기에, 나중에 전문가에게서 들은 설명을 미리 밝히는 것이 최선이라고 생각한다. 더군다나 나는 무전기에 대해 전혀 기술적 지식이 없기도 하거니와, 일개 생물 연구자로서 다음에 벌어진 일련의 사건을 창안해낼 재간이 없었다는 점도 미리 밝힌다. 여기에 나오는 기술적 설명에는 '전파 도약'이라는 신비로운 현상도 포함되어 있다. 이는 특정 기상 조건의 조합에 따라 저출력 송신기로도 이따금(특히 북쪽 지역에서) 상당히 먼 거리까지 신호가 닿을 수 있다는 현상이다. 내 장비는 원래의 능력을 능가했다. 나와 교신한 사람은 페루에 있는 아마추어 무선국 소속이었던 것이다.

그의 영어 실력은 한마디로 나의 스페인어 실력처럼 엉망이었다. 그래서 서로 뜻이 통하는 데까지는 시간이 걸렸다. 그나마도 그는 내가 티에라델푸에고(Tierra del Fuego: 남아메리카 대륙 남쪽 끝에 있는 섬. 세계 일주에 나선 마젤란이 1520년 이 섬을 발견, 원주민들이 태우는 불길을 보고 '불의 땅'이라는 뜻으로 이 이름을 붙였다. —옮긴이) 섬 근방 어디에선가 자기와 교신하고 있다고 믿는 것 같았다. 나는 심히 낙담하기 시작했다. 그러다 그 페루인은 마침내 알아듣고 내가 상관에게 전하고자 하는 내용을 받아 적기 시작했다. 그리고 상업용 수단을 이용해 오타와로 전달하기로 한 것이었다. 근래에 있었던 본부의 훈계를 고려하여 전문을 열 단어로 최소화했다. 아마도 그 정도였기에 다행이었으리라. 전문을 페루 말로 잘못 풀이한 다음 영어로 다시 번역하여 틀림없이 완전히 와전시켜버린 것 같았다. 그러니 열 단어만으로도 일종의 위기를 불러일으키기에는 충분했다. 나는 이 사실을 몇 개월이 지나서 알게 되었다.

남미에서 왔기 때문인지 그 전문은 우리 부처가 아니라 외무부에 전달되었다. 외무부는 도무지 내용을 이해할 수가 없었다. 그것이 티에라델푸에고에서 온 것이며 암호로 작성된 것 같다는 점 빼고는 말이다. 국방부까지 가세하여 급히 알아보려 했지만 암호를 해독할 수가 없었다. 케이프 혼(Cape Horn: 남미 최남단의 곶 -옮긴이) 지역에 알 만한 캐나다 요원이 있는지도 밝혀낼 수 없었다.

뜻밖의 상황이 아니었더라면 수수께끼를 풀기 어려웠을 것이다. 몇 주 후 틈만 나면 우리 부처의 고관과 점심을 같이하기 좋아하는 외무부의 어느 비서관이 그 이야기를 꺼낸 것이다. 그러면서 그 불가해한 전문의 서명이 '발리 몬팟'이라는 이름으로 되어 있더라는 말을 무심코 한 것이다.

고관에게는 자못 놀라운 예리함이 있었다. 그는 내가 그 전문의 발신자일지도 모른다고 지목했던 것이다. 하지만 그 결과로 새롭고도 한결 더 복잡한 수수께끼가 탄생했다. 왜냐하면 우선 나더러 티에라델푸에고로 가도록 허락한 사람이 아무도 나타나지 않았기 때문이다. 결국 본부는 칠레에 있는 캐나다 영사를 통해 일련의 긴급 전문을 나에게 보냈다. 오타와로 즉각 보고하라는 지시였다.

이런 전문들은 물론 나에게 전혀 전해지지 않았다. 아마 보다 직접적인 수단을 통해 보냈더라도 마찬가지였을 것이다. 내 무전기

배터리는 6시간 동안만 사용 가능했기 때문이다. 배터리가 나가기 전에 한 번 더 교신할 수 있었던 유일한 무선국은 모스크바의 어느 경음악 프로그램 방송국이었다.

각설하고 하던 이야기로 되돌아가야겠다.

페루 사람과 볼일이 끝나자 주변은 꽤 어두워지기 시작했다. 주변을 둘러싼 산들이 점점 내게로 다가오는 것 같았다. 그때까지 늑대라곤 흔적도 보지 못했지만 계속 염두에 두지 않을 수가 없었다. 그래서 멀리 골짜기 입구에 조그만 기척이라도 있을 때마다 나는 더 늑대를 의식하게 되었다.

귀를 기울이자 희미하기는 하지만 오싹하게 만드는 소리가 들렸다. 비록 자연 그대로의 소리를 들어본 적은 없었지만 바로 알아차릴 수 있었던 것은, 카우보이 영화에서 몇 번 들어본 경험이 있었기 때문이다. 그것은 틀림없이 한 무리의 늑대가 일제히 울부짖는 소리였다. 또한 분명한 것은 무리가 내 쪽으로만 소리를 지르고 있었다는 것이다. 적어도 숙제 하나는 해결이 될 듯싶었다. 연구 대상과의 접촉을 할 수 있게 된 것이다.

문제를 하나 해결하고 나니 곧바로 몇 가지 문제가 더 생겨났다. 권총에 든 실탄이 여섯 발뿐이었고, 나머지를 어디다 두었는지 죽어도 기억이 나지 않는 것은 문제도 아니었다. 그것은 일종의 시간 문제였다. 늑대 한 무리의 숫자가 넷에서 마흔 마리까지도 간다는 사실을, 폭넓은 독서를 통해 알고 있었기 때문이다. 더욱이 녀석들이 다가오는 소리의 크기를 볼 때 이 무리는 숫자가 사백은 될 듯 싶었다.

아북극의 밤은 이제 내게로 바짝 다가왔다. 늑대도 곧 마찬가지일 터였다. 이미 너무 어두워져 그들의 숫자를 짐작한다거나 예상 행동 양식을 가늠할 만큼 뚜렷이 볼 수가 없었다. 그래서 나는 엎어져 있는 카누 속에 몸을 감추기로 했다. 사람이 있다는 사실이 쉽게 드러나지 않도록 할 필요가 있었던 것이다. 대개 사람이란 존재에 대한 짐승들의 반응은 예측하기 어려우니까 말이다.

모름지기 생물 연구의 주요 원칙 중 하나로, 관찰자의 주의가 산만해지지 않도록 해야 한다는 것이 있다. 그러나 솔직히 숨길 수 없는 것은, 그러한 상황 아래에서 적절한 과학적 집중력을 유지하기 힘들었다는 것이다. 특히 카누가 걱정스러웠다. 얇은 삼나무 통판들을 이어 붙인 후 캔버스 천으로 덮어 가볍게 만든 것이라 좀 심하게 다루면 쉬이 부숴질 것 같았다. 그렇게 된다면 앞으로 꼼짝도 할 수 없게 될 터였다. 또 하나 나를 괴롭힌 점은 하도 별나서 특별히 강조할 필요가 있다. 훈련을 통해 제대로 통제하지 않는다면 나타나게 마련인, 인간 마음의 비합리성을 입증한다는 사실 때문에 그렇기도 하다. 나는 내가 임신한 에스키모이기를 간절히 바라고 있었던 것이다.

무슨 일이 벌어지고 있는지 볼 수가 없었기에 다른 감각에 의존해야 했다. 귀를 통해 생생히 들을 수는 있었다. 무리는 전속력으로 달려와 장비 주변을 한 바퀴 돌더니, 곧장 카누 쪽으로 돌진해왔다.

무시무시한 울부짖음에 귀가 먹을 지경이었다. 시끄럽게 뒤섞인 소리에 정신이 나가버리면서 환각 상태에 빠지기 시작했다. 그 난리 속에 꼭 사람 소리 비슷한 굵은 목청의 으르렁거림을 듣는다는 상상을 했다. 이렇게 으르렁대는 것 같았다.

말도안돼는이야기야이개자식아!

이때 엎치락뒤치락하는 소리가 나더니 고통스럽게 깽깽대는 소리가 터져나왔다. 그러고는 기적적으로 갑자기 조용해져버렸다.

나는 자연현상에 대해 정확한 추론을 하도록 수년 간 교육을 받았다. 하지만 이번 경우는 어찌해볼 도리가 없었다. 판단 자료가 더 필요했던 것이다. 아주 조심스럽게 카누의 뱃전과 바닥 얼음 사이에 난 좁은 틈 사이로 한쪽 눈을 들이댔다. 처음에는 늑대들의 발밖에는 보이지가 않았다. 수십 개였다. 그러다 다른 발 한 짝에 내 시선이 얼어붙었다. 단 한 짝, 늑대의 것이 아님이 분명했다. 내 추론 능력은 한순간 제자리로 돌아왔다. 나는 카누 옆면을 들어올리고 고개를 내밀었다. 그리고는 위쪽으로 가만히 올려다보았다. 얼떨떨해하고 다소 걱정스러운 표정을 한 얼굴이 하나 있었다. 온통 순록 모피를 뒤집어쓴 청년이었다.

그의 주변에 흩어져 나를 심히 의심스러운 눈초리로 쳐다보고 있는 녀석들은 열네 마리의 크고 위협적인 허스키였다. 그의 눈썰매를 끄는 개 한 조였던 것이다. 반면에 진짜 늑대는…… 단 한 마리도 보이지 않았다.

드디어 늑대를 만나다

첫 만남의 상대가 늑대가 아닌 것으로 판명이 되었으니 당연히 실망스러울 수밖에 없었다. 하지만 보상도 있었다.
개들의 주인은 알고 보니 사냥꾼으로서 에스키모와 백인의 혼혈이었다. 그는 몇 마일 밖에 오두막을 하나 갖고 있었다. 그것은 나의 상설 기지로 사용하기에 안성맞춤이었다. 자기 어머니 쪽 식구들을 포함한 에스키모 부족에게서 떨어져서 70마일 북쪽에 살고 있던 이 청년의 이름은 마이크였다. 그는 거의 1만 평방마일 면적 내에서 거주하고 있는 유일한 사람이었다. 이는 아주 훌륭한 소식이었다. 늑대에 대한 연구를 다른 사람의 방해 없이 할 수 있다는 것은 확실했기 때문이다.
마이크는 처음에 나를 의심이라 할 것까지는 없지만 약간은 거리를 두고 대하는 편이었다. 나이 열여덟이 되도록 그는 '불모지대'에 있는 자기 구역에서 비행기가 착륙했다는 말을 들어본 적이 없었다. 실제로 비행기를 두세 번 본 적이 있긴 하지만, 모두 높이 날아가는 것들이었다. 그러니 그로서는 가까이서는 보지도 듣지도 못한 비행기가 자기 호수 한가운데에다 사람과 엄청난 장비 더미를 내려놓은 사실을 받아들이기 어려웠다. 둘이 안 지 얼마 되지 않았을 때까지, 그는 나라는 존재에 대하여 보다 초자연적인 설명에 의존하고 있었다. 모피 상인이었던 백인 아버지로부터 받은 기독교식 교육 덕분에 악마에 대한 그의 경계는 철저했던 것이다. 그러니 그에게는 다른 도리가 없었다. 처음 며칠 동안 그는 30구경 라이플총을 늘 들고 다니며 나와 거리를 두었다. 그러다 늑대주스 맛을 본 뒤 그는 총을 치워버렸다. 내가 악마라면 유혹을 떨쳐버리기에는 너무나 강력하다고 판단한 모양이었다.

별달리 나를 어떻게 해야 할지 알 수 없었든지, 마이크는 나를 첫날 밤 자기 오두막으로 데리고 갔다. 대궐 같지는 않더라도 장대로 세우고 썩어가는 순록 가죽으로 덮은 그 오두막을 보자 내 목적에 꼭 맞는 장소라는 생각이 들었다.

토착민을 고용해서 도움을 받아도 좋다는 상부의 위임이 원래 있었다. 단, 발생 비용은 3달러를 넘지 않아야 한다는 조건이었다. 그래서 나는 즉시 마이크와 거래를 했고, 10달러짜리 차용증서를 정식으로 써주었다. 3개월 동안 그의 오두막에서 숙박하며 가이드 및 잡역부로서의 서비스까지 받기로 한다는 내용이었다. 그 정도면 정부기관이나 선교단체나 무역회사가 일반적으로 지불하는 액수에 비해 후한 편이라는 사실을 나는 알고 있었다. 그러나 그 정도의 지출은 재무 부서에서 인정해주리라는 생각이 들었다. 마이크의 도움이 없다면 우리 부처는 얼어붙은 호수가 녹자마자 4,000달러어치나 되는 장비를 몽땅 잃을 판이었다는 점을 참작할 테니까 말이다.

그런데 그 다음에 일어나는 일을 보니 내가 방금 마이크와 한 흥정이 다소 일방적이지 않았나 하는 생각이 들었다. 또 그가 거래 조건의 의미를 정확히 파악하지 못한 것 같기도 했다. 하지만 어쨌든 그는 썰매개를 부려서 내 보급품과 장비를 모두 오두막으로 날라주었다.

다음 며칠 간은 장비를 풀고 야전 간이 연구실을 만드느라 정신이 없었다. 어쩔 수 없이 조그만 오두막 안의 제한된 공간을 내내 다 차지하고서 말이다. 마이크와 함께할 시간이 거의 없었다. 하지만 분명한 것은 그가 무언가에 완전히 마음을 빼앗기고 있는 것 같다는 사실이었다. 그런데도 나는 그의 고민거리를 더 알아보려고 하지는 않았다. 그때까지는 그가 원래 과묵한 편으로 보였고(자기 개들에게 하는 것만 빼고), 안 지도 얼마 되지 않아서 그의 사생활을 침범하는 일이 바람직하지 않다고 느꼈기 때문이다. 그래도 나는 이따금 내 과학 장비를 시범삼아 보여주면서 그의 마음을 잠시 다른 데로 돌려보도록 애쓰곤 했다.

이런 시범 때문에 그가 이따금 황홀해하는 것 같기는 했다. 비록 넋 나간 듯한 그의 태도를 풀어주자는 소정의 목적을 달성하지는 못하고, 오히려 정도가 더 심해진 듯했지만 말이다. 그에게 청산가리 '늑대잡이'를 보여주면서 그것이 얼마나 치명적인 즉효가 있으며 또 눈에 거의 띄지도 않는다고 말하자, 그는 비이성적인 행동의 기미를 뚜렷이 보이기 시작했다. 긴 막대기를 늘 가지고 다니는 버릇이 생겨서, 식사를 하려고 투박한 탁자에 앉기 전에 의자를 쑤셔보곤 했다. 이따금은 자기 음식 접시까지도 아주 희한한 모양으로 찔러보는 것이었다. 아침에 일어나서 옷을 입을 때에도 부츠와 옷가지를 그런 식으로 살펴보았다.

한 번은 쥐덫 네 개를 보여주며 작은 포유류를 잡아 늑대의 위에 소화 안 되고 남은 동물과 비교하는 데 쓰려고 한다고 하고, 박물관 표본용으로 쓰기 위해 쥐의 골격을 어떻게 끓이는지 설명해준 적이 있었다. 그랬더니 아무 말 없이 오두막을 나가서는 그 다음부터 나와 함께 식사를 하려 하지 않았다.

그의 행동을 보고 내가 심각성을 느끼지 못한 것은 아니었다. 나에게는 심리학에 대한 지식이 얼마간 있었기에 내향적인 성격의 증상을 알아볼 수 있었기 때문이다. 그럴수록 마이크의 마음을 열 필요가 있다는 생각이 들었다. 그래서 어느 날 저녁 나는 그를 유인하여 간이 연구실을 만들어놓은 한쪽 구석으로 데리고 갔다. 그리고는 늑대나 순록이나 다른 동물을 해부하는 데 쓸 번쩍번쩍하는 해부용 칼, 뼈 가위, 뇌 스푼, 그리고 다른 정교한 도구들을 자랑했다. 마이크에게 해부가 무엇인지 설명하는 일은 쉽지가 않았다. 그래서 나는 병리학 교과서를 하나 펴 들고 두 페이지에 걸친 사람의 복부 해부도를 가리켰다. 시각 교재를 가지고 한창 설명에 몰두하다가 듣는 사람이 없어져버린 사실을 알게 되었다. 마이크는 슬그머니 문 쪽으로 물러나고 있었고, 나에게 고정된 검은 눈빛은 점점 커가는 공포를 드러내고 있었다. 나는 곧바로 그가 무언가를 오해했다는 사실을 알게 되었다. 그를 안심시키려고 벌떡 일어났더니 그는 오히려 놀라며 돌아서서 문밖으로 죽어라 내달리는 것이었다.

다음 날 오후 쥐덫을 줄지어 설치하고 돌아올 때까지 나는 그를 보지 못했다. 그는 긴 여행을 준비하기라도 하듯 오두막에서 짐을 싸고 있었다. 너무 낮고 빠른 음성이라 알아듣기 어려웠지만 그가 한 말은 에스키모 캠프에 있는 어머니가 아파서 급히 불려간다며 아마 한동안 거기서 머물러야 할지도 모른다는 것이었다. 그 말과 함께 장구를 갖추고 서 있는 썰매개들이 있는 곳으로 달려가더니, 아무 말 없이 전속력으로 북쪽을 향해 떠나버렸다.

그가 가버리고 나자 쓸쓸한 마음이 들었다. 주변의 늑대들과 함께 나만 완전히 혼자가 되어버린 사실은 과학적인 관점으로는 만족스러운 일이었지만, 나를 둘러싼 적막하고 황량한 『배스커빌의 사냥개』(셜록 홈스가 나오는 코난 도일의 대표적 장편소설 -옮긴이) 같은 분위기를 더해주는 것만 같았다. 게다가 늑대에게 다가가는 최선의 방법을 분명하게 정하지 못하고 있었기에, 마이크가 먼저 운을 떼준다면 참 좋으리라 여기고 있던 터였다. 하지만 아픈 어머니는 내 과학적 요구 사항보다도 앞서는 것이었다. 마이크가 어머니 소식을 어떻게 전해 들었는지는 아직도 알 수 없지만 말이다.

연구 일정을 대략 짜보는 동안 늑대와 접촉할 최선의 방법을 찾는 중대한 문제는 서서히 달아오르기 시작했다. 일정은 극도로 세분화되었다. '생식 활동' 분야에서만 조사가 필요한 소주제 목록을 모두 51개나 만들 수 있었다. 그 주의 끝 무렵에는 종이가 모자랄 지경이었다. 이제 나가서 돌아다닐 때가 왔던 것이다.

불모지대에 처음인 나로서는 조심스럽게 지역에 친숙해질 필요가 있었다. 그래서 처음 원정을 떠났을 때에는 오두막으로부터 반경 300야드 이내에서 여행을 마치는 것으로 만족했다.

이 원정에서 본 것은 400~500개의 순록 유골뿐이었기에, 오두막 주변의 전 지역이 순록 뼈로만 뒤덮여 있다는 느낌이었다. 처칠에서 조사한 바에 따르면 사냥꾼들은 순록을 절대 쏘지 않는다고 했으니, 이 동물들이 모두 늑대에 물려 죽은 것이라고 가정할 수밖에 없었다. 이는 정신이 번쩍 드는 결론이었다. 순록의 분포가 전 지역에 고르다고 가정할 경우, 내가 본 샘플로만 판단하자면 늑대가 키웨이틴 지역에서만 1년에 2천만 마리의 순록을 죽여야 하기 때문이었다.

이렇게 섬뜩한 원정을 다녀온 지 3일 후 다음 원정을 떠났다. 이

두번째 원정에서는 라이플총을 들고 권총을 찬 채, 4분의 1마일을 나아갔다. 그러나 늑대를 볼 수는 없었다. 그런데 놀라운 것은 순록 유골의 분포가 오두막에서 멀어질수록 기하급수적으로 줄어든다는 점이었다. 늑대들이 최악의 도살을 저지를 곳을 인간의 거처에서 그토록 가까운 곳으로 일부러 잡은 듯한 사실에 몹시 놀라서, 마이크를 다시라도 보게 된다면 물어봐야겠다는 생각을 했다.

그 사이에 봄은 불모지대에 화산 같은 격렬함으로 찾아왔다. 눈이 너무 빨리 녹아서 얼어붙은 강은 눈이 녹아 불은 물을 지탱할 수 없었다. 언 강 위로 녹은 물이 6피트 깊이나 되도록 흘렀던 것이다. 결국 얼음이 무너지면서 천둥 같은 폭발음과 함께 처박히더니, 오두막 곁에 있던 강물이 순식간에 오두막 속으로 들이쳤다. 물속에는 허스키 열네 마리가 겨우내 쌓아놓은 배설물도 들어 있었다.

마침내 난리가 끝나더니 물이 빠져나가기 시작했다. 그러나 바닥에 잔해가 발목 깊이로 쌓인데다가 역겹기까지 해서, 오두막은 품위를 잃고 말았다. 그래서 나는 오두막 위쪽에 있는 자갈 언덕에 텐트를 치기로 했다. 그날 밤 거기에 누워 잠이 오지 않아 뒤척이고 있자니, 익숙지 않은 소리가 들려오는 것이었다. 곧추앉아서 소리를 골똘히 들어보았다.

강 바로 저편 북쪽에서 들려오는 구슬프게 낑낑거리며 우짖는 소리였다. 그래서 라이플총을 쥐었던 손을 슬며시 늦추었다. 과학 연구자로서 숙달된 것 하나가 있다면 경험에서 배우는 것이었다. 두 번 속을 수는 없었다. 울음소리는 분명 허스키의, 그것도 아마 어린 녀석의 소리였다. 그리고 결론 내리기를 그 녀석은 틀림없이 마이크의 개라는 것이었다. (그에게는 반쯤 자란 강아지가 세 마리 있었는데, 아직 장구를 찰 훈련을 받지는 못해서 썰매조를 슬슬 따라만 다녔다.) 그 중의 하나가 길을 잃은 후 오두막으로 되찾아와서는, 누군가의 따뜻한 손길을 기다리고 있다고 생각한 것이다.

나는 기뻤다. 그 강아지에게 친구가 필요하다면, 그것은 바로 나였기 때문이다! 급히 옷을 껴입고 강둑으로 달려가서, 카누를 띄웠다. 그리고는 반대편 둑으로 힘차게 노를 저어갔다.

강아지는 구슬픈 울음을 잠시도 멈추지 않았다. 익숙지 않은 인간의 목소리에 겁을 먹을 수도 있다는 생각이 들지 않았더라면 안심하라며 외칠 참이었다. 대신에 몰래 다가가 웅얼거림을 달래줄 만큼 가까워질 때까지는 모습을 숨기기로 마음먹었다.

소리의 특성으로 봐서 강아지가 반대편 둑에서 몇 야드 정도 떨어져 있으리라 짐작했다. 그런데 어슴푸레한 어둠을 뚫고 부서진 표석(漂石: Boulder, 빙하가 운반한 암석 −옮긴이)들을 넘어 자갈 언덕을 지나가다보니, 가까이 다가가는데도 거리가 좁혀진다는 느낌이 전혀 없고 소리는 똑같은 크기로만 들리는 것 같았다. 나는 강아지가 아마도 흠칫흠칫 뒤로 물러나고 있거니 생각했다. 놀라서 달아나지 않기를 바라는 간절한 마음에, 구슬픈 울부짖음이 멈추어 어느 쪽으로 가야 할지 모르게 됐을 때에도 나는 숨을 죽이고 있었다. 그러다 내 앞에 도사린 가파른 산등성이를 보고는, 정상에만 올라가면 길 잃은 동물의 위치를 파악할 만큼 트인 전망을 확보할 수 있으리란 생각이 들었다. 등성이의 꼭대기에 거의 다다랐을 때, 나는 가슴을 낮춰(보이스카우트에서 배웠던 야전 기술을 활용하여) 조심스럽게 마지막 몇 발짝을 조금씩만 떼놓았다.

나는 슬며시 꼭대기 너머로 고개를 들었다. 그곳에는 내 목표물이 있었다. 녀석은 드러누워 엉터리 노래를 잠시 쉬고 있는 게 분명했다. 녀석의 코는 내게서 6피트 정도 떨어져 있었다. 우리는 서로를 조용히, 빤히 쳐다봤다. 그의 묵직한 두개골 속에 어떤 생각이 오갔는지 나로서는 알 수 없다. 그러나 내 머리는 몹시 불안한 생각으로 가득 찼다. 나는 다 큰 북극 늑대의 황색 눈빛을 똑바로 들여다보고 있었던 것이다. 그것도 나보다 무게가 더 나갈 성싶은 녀석을, 나보다는 근접전(近接戰) 기술에 훨씬 더 조예가 깊을 것임이 분명한 녀석을 말이다.

몇 초 동안 우리는 서로 움직이지도 않고 상대방의 눈을 최면에 걸린 듯 계속 쳐다보고 있었다. 마법에서 먼저 깬 것은 늑대였다. 러시아 무용수에게나 어울림직한 도약을 하며 1야드 정도 공중으로 곧장 뛰어오르더니 달려서 내려가버리는 것이었다. 교과서에는 늑대가 시속 25마일로 달릴 수 있다고 하는데, 이 녀석은 뛴다기보다는 낮게 나는 것 같았다. 그러더니 몇 초 안에 내 시야에서 사라져버렸다.
   내 반응이 그리 극적이지는 못했다. 무슨 크로스컨트리 횡단 기록쯤은 세웠음이 분명하지만 말이다. 강을 건너 이쪽으로 되돌아오며 노를 얼마나 세게 저었던지 카누가 모래사장 위로 한 키만큼 올라왔다. 그리고는 과학 장비에 대한 책임을 상기하여, 오두막으로 들어가 문을 잠가버렸다. 그리고 바닥의 잔해 때문에 나는 악취가 주는 불편에도 아랑곳하지 않고 짧은 밤의 안정을 찾기 위해 탁자 위에서 최대한 편안하게 있으려고 했다.
   강렬한 막간극이었다. 하지만 나는 비록 짧디 짧았지만 마침내 연구 대상과의 접촉에 성공했다는 사실을 자축할 수 있었다.

늑대 굴을 발견하다

이래저래 잠들기는 어려웠다. 탁자는 너무 좁고 딱딱했고, 오두막의 분위기는 음침했으며, 방금 늑대와 마주친 기억이 너무나 생생했던 것이다. 양(羊)을 세어보려 했는데, 양이 계속 늑대로 변하고 말았다. 그러면서 잠은 점점 달아나는 것이었다. 마침내 바닥 아래에 살던 등이 붉은 들쥐들이 꼭 늑대가 문 앞에서 쿵쿵거리는 듯한 소리를 내자, 잠을 자겠다는 생각을 포기하고 말았다. 마이크의 오일 랜턴을 켜 들고 여명이 밝아오기를 기다릴 뿐이었다.

저녁 때 일어난 사건을 다시 생각해보기로 했다. 늑대와 마주친 시간이 그토록 짧았는데도 자세히 기억나는 것이 많아서 놀라고 말았다. 늑대를 몇 년 동안 알고 지낸 것처럼 마음속에 생생하게 그릴 수 있었다. 넓은 흰색 목 털과, 짧고 쫑긋한 귀, 황갈색 눈, 회색 주둥이를 한 묵직한 머리의 이미지가 기억에서 지워지지 않고 또렷이 남았다. 달아나는 늑대의 동작이 주는 이미지도 마찬가지였다. 홀

쭉하면서도 힘찬 동작과, 작은 조랑말만한 짐승의 전체적인 인상은 치명적 힘을 지닌 듯했다.

생각하면 할수록 내가 그리 용감한 모습을 보여주지 못했다는 사실이 떠올랐다. 그 장면에서 물러난 일은 성급했고 위엄 없는 행동이었다. 그러나 한편으로 늑대 입장에서도 이 일이 그리 자랑스러운 것은 아니었으리라는 보상 심리가 발동했다. 그러자 기분이 한결 나아졌다. 어쩌면 때마침 동이 터 올랐기 때문인지도 모른다. 창밖의 음산한 세상은 어스름하고 파리한 빛으로 밝아오고 있었다.

빛이 점점 강해지자, 내가 기회를 놓쳐버린 것이 아닌가 하는 생각마저 들었다. 그것도 두 번 다시 찾아오지 않을 기회를 말이다. 늑대를 따라가서 안심을 시키려고 했어야 옳았다는 생각이 들었다. 적어도 아무런 악의를 품고 있지 않다는 확신을 녀석에게 심어줬어야 한다는 것도.

앞마당의 잔해에서 쓸 만한 먹이를 찾기 위해 매일 날아드는 캐나다 어치(Canadian jay: 까마귀과의 새 -옮긴이)가 더 많이 모여 있었다. 나는 난로를 켜서 아침을 만들었다. 그리고는 결의에 차서 가방에 먹을거리를 싸고, 라이플총과 권총에 필요한 탄알을 준비한 뒤, 목에다 쌍안경을 둘러메고는 전날 저녁의 실패를 만회하러 나섰다. 계획은 간단했다. 늑대가 사라지는 모습을 본 지점으로 바로 가서 흔적을 발견한 뒤, 찾을 때까지 따라간다는 것이었다.

가는 길이 처음에는 험하고 바위가 많았다. 사이에 가로놓인 땅을 답파하는 데 늑대가 갔음직한 시간보다는 훨씬 오래 걸렸다. 그러다 마침내 마지막으로 녀석을 본 그 낮은 꼭대기까지 기어 올라갔다. 내 앞에는 축축하게 물이끼가 나 있는 소택지(沼澤地)가 드넓게 펼쳐져 있어, 발자국은 쉽게 드러나리라 예상할 수 있었다. 실제로 초콜릿색 습지의 일부를 가로질러 시작되는 발자국 한 짝을 곧바로 발견할 수 있었다.

좋아서 어쩔 줄 몰라 했어야 옳았을 것이다. 그런데 그렇지가 않았다. 사실은 늑대의 발 갈퀴 자국을 처음 보자 아직 마음의 준비가 되지 않았다는 사실이 드러난 것이다. 북극 늑대의 발자국이 직경 6인치라고 교과서에서 읽은 것과 적나라하게 눈앞에 펼쳐져 있는 꼴을 보는 것은 완전히 다른 일이었다. 그것은 사람의 기를 꺾어 놓았다. 눈앞에 있는 보폭 40인치의 매머드급 발자국은 내가 추격하고자 하는 짐승이 거의 회색곰 수준에 가깝다는 느낌을 주었다.

나는 꽤 오랫동안 발자국을 관찰했다. 아마 더 오래 그러고 있었을지도 모른다. 주머니 나침반을 가져오는 걸 깜빡했다는 사실을 깨닫지 못했다면 말이다. 그것 없이 아무런 표시도 없는 황야로 계속 나아간다는 것은 무모한 일이었기에, 아쉽지만 오두막으로 돌아가기로 했다.

마이크의 집으로 돌아와보니 나침반이 내가 둔 자리에 없었다. 사실 그걸 어디에 두었는지 기억이 나지 않을 뿐더러 오타와를 떠나면서부터 본 적조차 없는 듯했다. 막다른 골목이었다. 하지만 시간을 낭비하지 않기 위해 상부에서 준 책들을 끄집어내어 늑대가 나오는 부분을 찾아보았다. 물론 전에도 여러 번 읽어봤지만 당시에는 몇몇 사실들이 내 마음에 뚜렷이 각인되지 않았다. 그런데 이제 실제로 늑대 발자국 한 짝을 처음으로 보고 나서 마음속에 형상을 선명하게 그려볼 수 있게 되니, 그러한 내용들을 흥미롭게 이해하면서 다시 볼 수 있었다.

저자에 따르면 북극 늑대는 말승냥이(Canis lupus)의 여러 변종 혹은 혈통 중에서 가장 큰 것이었다. 표본에 따르면 무게가 170파운드까지 나가고, 코끝에서 꼬리 끝까지의 길이가 8피트 7인치나 되며, 어깨까지의 키가 42인치가 되기도 했다. 다 자란 북극종의 경우 앉은자리에서 날고기 30파운드를 해치울(아마 사정이 괜찮을 때에) 수도 있었다. 이빨은 구조적으로 묵직하며 찢고 빻는 동작이 가능하여, 가장 큰 포유동물의 사지도 쉽게 절단할 수 있으며 가장 단단한 뼈도 부실 수가 있다고 되어 있었다. 그 부분은 다음과 같은 간결한 표현으로 끝나고 있었다.

"늑대는 포악하고 강력한 킬러다. 인간에게 알려진 동물 중 가장 공포와 미움의 대상이 되는 것 중 하나이며, 그 이유는 충분하다."

이유는 나와 있지 않았다. 그랬다면 불필요한 말이 되었을 것이다.

그날 남은 시간 동안은 생각이 많았다. 그 가운데는 늑대를 안심시키겠다는 내 희망이 그다지 낙관적인 것이 아닐지도 모른다는 생각도 있었다. 그들에게 악의를 품고 있지 않다는 사실을 보여주는 것은 어렵지 않다고 느꼈지만, 문제는 늑대 편에서 보답할 마음이 없다면 그런 시도가 아무런 소용이 없으리라는 점이었다.

이튿날 아침에는 아수라장이 된 오두막을 청소하기 시작했다. 그러다가 잃어버린 나침반을 찾아냈다. 창문턱에 얹어놓고 일을 계속하는데, 그것이 햇빛을 받아 번쩍이며 나를 심하게 비난하듯 비추는 것이었다. 할 수 없이 나와 늑대 사이에 끊어진 접촉을 복구하기 위해 다시 노력해보는 수밖에 없었다.

이번 원정에서는 전진 속도를 좀 늦추었다. 라이플총에 산탄총, 권총, 권총 벨트, 손도끼, 사냥칼에다, 얼음물에라도 빠질 때를 대비해 늑대주스 한 병까지 챙겼기 때문이다.

무더운 날이었다. 아북극의 봄날은 열대지방만큼 더울 수가 있었다. 모기가 나타나는 것을 보니 머지않아 모기떼들이 하늘을 가득 메우며 불모지대를 확실히 훑고 지나갈 터임을 벌써부터 알 수 있었다. 나는 늑대 발자국을 다시 찾은 다음, 마음을 단단히 먹고 자취를 따라나섰다.

따라가보니 습지만 몇 마일을 가게 되었다. 그런데 늑대의 발자국은 3~4인치 정도만 바닥으로 가라앉아 있는 반면에, 내 걸음은 표면 아래로 1피트 가량 내려가 얼음 바닥에 닿았다. 마침내 다시 자갈 언덕에 당도하여 늑대의 자취가 모두 사라지고 나니 마음이 푹 놓였다.

흔적을 다시 찾으려는 시도는 그저 시늉일 뿐이었다. 굽이치는 습지와 서리 내린 바위가 지평선까지 연이어 있는 내 주변의 음산한 광경을 가만히 바라보자니, 차라리 수평선이 더 낫겠다는 생각이 들면서 그 어느 때보다 더 외롭다는 느낌이 들었다. 친근한 비행기 엔진 소리 하나 텅 빈 하늘의 침묵을 깨지 않았다. 멀리서 울려오는 자동차 소음 하나 발 밑의 땅을 흔들어놓지 않았다. 눈에는 보이지 않는 물떼새의 지저귐만이, 나무 한 그루 보기 힘든 이 음울한 땅 어딘가에도 생명이 존재한다는 사실을 말해줄 뿐이었다.

나는 이끼 뒤덮인 바위틈을 하나 찾아, 꽉 끼어 앉아서 점심을 먹었다. 그리고는 쌍안경을 들고 황량한 경관을 훑으며 살아 움직이는 것의 흔적을 찾아보았다.

내 바로 앞에는 커다란 호수의 얼음 덮인 만(灣)이 있었다. 만의 반대편은 적어도 습지 색깔의 칙칙한 단조로움을 덜어주고 있었다. 그것은 누런 모래로 된 에스커(esker)라는 지형으로, 50~60피트 높이까지 솟아 있으면서 먼 곳으로 구불구불 감겨가는 모습이 꼭 거대한 뱀 같았다.

이 황량한 지역의 에스커는 오래 전에 사라진 강의 제방 모양이다. 강은 1만 년 전 키웨이틴 불모지대를 수천 피트까지 뒤덮은 빙하를 관통해 흐르던 것이다. 얼음이 녹자 모래로 된 강둑이 바닥에

퇴적되어, 지금은 툰드라 평원의 음산한 단조로움에 유일한 시각적 변화를 주고 있는 것이다.

나는 이 지형을 정성스럽게 바라보며 유심히 관찰했다. 그렇게 쌍안경으로 둘러보고 있자니 무언가 움직이는 것이 눈에 띄었다. 거리는 상당했지만 내가 본 바로는 저편 에스커 등성이에서 누군가 머리 위로 팔을 흔드는 듯한 인상이었다. 몹시 흥분한 나는 비틀거리며 일어나 언덕을 따라 만의 기슭까지 잰 걸음으로 내려갔다. 에스커로부터 불과 300야드밖에 되지 않는 거리에서 호흡을 가다듬은 뒤 다시 쌍안경을 들여다보았다.

먼저 슬쩍 본 물체는 아직도 있었는데, 이번에는 보이지 않는 누군가 열심히 흔들고 있는 하얀 깃털 목도리 같았다. 그것은 설명하기 힘든 대상으로서 자연사를 배우면서 들어본 그 어떠한 것과도 일치하지 않는 것이었다. 어리둥절하게 쳐다보고 있자니, 털목도리 하나가 역시 열심히 흔들리는 다른 털목도리를 만나, 함께 천천히 움직여서 나란히 에스커 등성이로 가고 있었다.

내 마음이 약간 불편해진 이유는 과학적인 설명에 적합하지 않은 듯한 현상이 벌어지고 있었기 때문이다. 사실 나는 이 장관을 보는 흥미를 거의 잃을 뻔했다. 일종의 심리 연구자 기질이 발동하지 않았다면 말이다. 그러니까 그것은 예고 없이 털목도리 두 개가 내 쪽으로 방향을 잡더니 점점 더 높이 올라오기 시작했고, 마침내 에스커 정상으로 달려가는 두 마리 늑대의 꼬리임이 드러났을 때었다.
　내가 서 있던 만의 기슭은 에스커 쪽에서 내려다보이는 곳이었다. 나는 꼭 유명한 브래지어 광고에 나오는 여성처럼 적나라하게 노출된 기분이었다. 최대한 작아 보이도록 몸을 구부려서 바위틈으로 천천히 기어 들어간 뒤, 눈에 띄지 않기 위해 갖은 노력을 다했다. 걱정할 필요는 없었다. 늑대들은 설령 나를 봤다고 하더라도 아랑곳하지 않았을 것이다. 그들은 자기 일에 너무나 몰두하고 있다. 믿기 힘들지만 서서히 알게 된 사실은 그들의 관심이 그 순간 온통 술래잡기 놀이에 집중되어 있다는 것이다.
　내 눈을 의심할 수밖에 없었다. 녀석들이 한 달짜리 강아지 한 쌍처럼 펄쩍펄쩍 뛰어놀고 있지 않은가! 더 작은 녀석(녀석이 암놈이라는 사실은 금방 드러났다)이 먼저 주도권을 잡았다. 암놈은 머리를 앞발에 갖다대고 꼬리 쪽을 점잖지 못하게 들어올리더니, 훨씬 더 큰 수놈에게 별안간 달려들었다. 수놈은 이제 보니 이틀 전에 만났던 바로 그 녀석이었다. 수놈은 암놈을 피하기 위해 발을 구르다 몸을 쭉 뻗었다. 암놈은 곧바로 올라타서 수놈의 뒤쪽을 재빨리 물어버리고는 달아나 수놈 주변을 신나게 맴돌았다. 수놈이 일어나서 쫓아갔다. 온 힘을 다해서야 겨우 간격을 좁힐 수 있었고, 녀석도 암놈의 뒤쪽을 깨물 수 있었다. 그러자 역할은 다시 뒤바뀌어 암놈이 수놈을 잡으러 가기 시작했다. 둘이 뒤엉켜서 서로 몸부림치며 엎치락뒤치락하더니, 다시 에스커 위로 올라가 마침내는 가파른 경사에서 발을 헛디뎌 한 덩어리로 묶여 미끄러져 내려오는 것이었다.
　바닥까지 내려오자 둘은 떨어져서 머리에 묻은 모래를 털어내었다. 그리고는 몹시 헐떡이면서 거의 코를 맞대고 서 있었다. 그러다 암놈이 앞발을 들고 서더니 수놈을 말 그대로 껴안는 것이었다. 그리고 긴 혓바닥으로 녀석에게 키스를 퍼붓고 있었다.
　수놈은 이런 과감한 애정 표현을 즐긴다기보다는 견디고 있는 것 같았다. 녀석은 계속 고개를 돌리려고 해봤지만 매번 허사였다. 나도 모르게 녀석에 대한 동정심이 느껴진 것은, 사실 암놈의 애정 표시가 역겹도록 과도했기 때문이다. 그래도 녀석은 최대한으로 인내심을 발휘하여 암놈이 지칠 때까지 버텼다. 암놈은 녀석에게서 돌아서서 에스커 비탈을 얼마간 올라가더니 사라져버렸다.
　마치 아무런 흔적 없이 지면에서 휙 사라져버린 듯했다. 쌍안경을 되돌려 마지막으로 암놈을 본 에스커의 움푹한 곳에 있는 어두운 그늘 쪽을 보기 전까지는 암놈이 갑자기 사라진 사실을 이해할 수가 없었다. 그 어두운 그늘은 동굴 혹은 은신처였으니, 암놈은 필시 그곳으로 들어갔을 것이다.
　늑대 한 쌍을 발견했을 뿐만 아니라 뜻밖의 기막힌 행운으로 늑대 굴까지 발견했다는 사실에 나는 너무 들뜨고 말았다. 그래서 모든 주의 사항을 잊어버리고는 굴 입구를 더 잘 볼 수 있도록 가까운 둔덕까지 달려간 것이다.

자기 짝이 떠난 뒤 에스커 아래에서 어슬렁거리던 수놈이 바로 나를 바라보고 말았다. 서너 번 풀쩍 뛰어오르더니 녀석은 에스커 등성이까지 올라왔다. 그리고는 긴장되고 위협적인 경계 태세로 나를 향해 서 있었다. 녀석을 쳐다보고 있자니 들뜬 마음은 금세 사그라지고 말았다. 녀석은 더 이상 장난 좋아하는 강아지 같지가 않았다. 대신 엄청난 파괴력을 지닌 엔진으로 변신한 듯하여, 어느새 입에 물고 있던 술병 입구가 내 이빨에 제대로 부딪치면서 드르르 소리가 났다.

그날은 늑대 가족을 더 이상 방해하지 않기로 했다. 녀석들의 기분을 망쳐놓아서 다른 곳으로 떠나버릴 수도 있다는 두려움이 든 것이다. 그래서 나는 철수했다. 그것은 쉽지 않은 철수였다. 내가 아는 제일 힘든 일 중의 하나는, 복잡한 과학 장비를 잔뜩 지고 나처럼 거추장스러운 상태로 4분의 3마일이나 되는 뾰족 바위 비탈길을 되짚어 올라가는 것이었기 때문이다.

늑대를 처음 본 등성이까지 올라가자 마지막으로 쌍안경을 슬쩍 들여다봤다. 암놈은 여전히 보이지 않았고, 수놈은 경계 태세를 늦추어 에스커 정상에 누워 있었다. 보고 있자니 녀석은 두세 번 돌아본 후 개처럼 편안히 코를 꼬리에 파묻고 앉아 낮잠을 자려 하고 있었다.

녀석이 더 이상 내게 관심을 갖지 않게 되니 마음이 푹 놓였다. 실수로 방해한 것 때문에 잘못하여 늑대들의 신경을 거슬러서, 여지껏 찾아온 동물을 연구하게 된 더 없이 좋은 기회를 망쳐버리는 비극은 다행히 일어나지 않았으니까.

감시자가 감시당하다

커다란 수놈 늑대가 나에게 그다지 지속적인 관심을 갖지 않았던 사실에 고무되어, 나는 이튿날 아침 다시 굴에 가보고 싶어졌다. 그러나 이번에는 산탄총과 손도끼 대신에(그래도 라이플총, 권총, 사냥칼은 챙기고) 잠망경 같은 고배율 망원경과 그걸 올려놓을 삼각대를 가지고 갔다.

화창한 아침 햇살에 바람은 적당히 강해서 철 이른 모기들을 잠재울 수 있었다. 에스커가 있는 만에 가서는 굴에서 400야드 정도 떨어진 곳에 있는 바위 둔덕을 하나 골랐다. 그 뒤에서 망원경을 설치하여 대물(對物)렌즈로 둔덕 너머의 대상을 들여다보면서 숨어 있기로 했다. 완벽한 야전 기술을 발휘하여, 늑대가 도저히 나를 눈치채지 못할 정도로 조심해서 관측 지점까지 다가갔다. 게다가 바람이 그 쪽에서 내 쪽으로 불어왔기 때문에 녀석들이 내가 온 사실을 전혀 모르리라고 확신했다.

모든 준비가 다 끝나자 나는 망원경의 초점을 맞췄다. 그런데 원통하게도 늑대라고는 구경도 할 수가 없었다. 장비의 배율은 워낙 뛰어나서 에스커 모래 알갱이 하나하나를 다 식별할 정도였다. 하지만 굴을 중심으로 해서 좌우로 거의 1마일이 되는 거리를 샅샅이 다 뒤져봐도 늑대가 있거나 아니면 있었다는 표시를 발견할 수가 없었다. 한낮 무렵 심한 눈의 피로가 느껴졌고, 지독한 경련이 일어났다. 전날의 추측이 쓰라린 실수였다는 것과 '굴'은 그저 우연히 생긴 모래 구멍일 뿐이라는 결론을 내릴 참이었다.
　내가 짜낸 정교한 연구 계획과 일정이 늑대 편의 상당한 도움 없이는 별 소용이 없으리라는 예감이 들기 시작하자 실망스러웠다. 이곳처럼 광활한 지역에서, 늑대를 가시거리 이내에서 만날 가능성은 운이 최고로 좋은 경우를 빼놓고는(게다가 나는 이미 내 몫 이상의 운을 이미 얻었다) 무시해도 좋을 정도였다. 내가 깨달은 바는, 이것이 내가 생각한 늑대 굴이 아니라면 이 정체불명의 황야에서 진짜 굴을 찾아내는 일은 다이아몬드 광산 하나를 발견하는 일과 맞먹는다는 것이었다.

　풀이 죽어 별 소득 없는 망원경 조사를 다시 했다. 에스커는 여전히 버림받은 채로 있었다. 뜨거운 모래가 아지랑이를 피워내자 눈의 피로가 더 심해졌다. 오후 2시가 되어 나는 희망을 접었다. 더 이상 잠복할 이유가 없는 듯했다. 그래서 몸을 쭉 펴고 일어서서 볼

일을 보려 했다.

참 놀라운 사실은 대양 한가운데 있는 작은 배에 혼자 있건 길 없는 숲 속에 고립되어 있건, 남자로서 바지 단추를 끄르는 일은 누군가가 자기를 보고 있는지도 모른다는 생각 때문에 특히 더 민감해진다는 점이다. 이 중차대한 시기에도 상당히 자기 과신이 있는 사람이 아닌 이상, 그리고 자기 프라이버시에 대해 아무리 확신이 있다 할지라도 정말 자기 혼자밖에 없는지 다시 확인하기 위해서, 주변을 은밀히 돌아보게 마련인 것이다.

혼자가 아니라서 불쾌한 마음이 들었다고 한다면 너무 얌전한 표현일 것이다. 내 바로 뒤 20야드도 안 되는 거리에 없어졌던 늑대들이 앉아 있었기 때문이다.

녀석들은 꽤 느긋하고 편안한 기분인 것 같았다. 내 등 뒤에서 몇 시간을 앉아 있었던 것처럼 말이다. 덩치 있는 수놈은 좀 따분해 하는 듯했다. 그런데 암놈의 눈은 내가 보기에 스스럼없으며 심지어 밝히는 듯싶은 호기심으로 나를 골똘히 보고 있었다.

인간의 정신은 정말 놀라운 것이다. 다른 상황 같으면 아마 완전히 공포에 휩쓸렸을 것이며, 그걸 나무랄 사람은 별로 없으리라. 그러나 이번은 평범한 상황이 아니었으며 내 반응도 일종의 격한 분노였다. 울화가 치밀었지만 나를 바라보고 있는 늑대들에게 등을 돌린 채, 분에 떨리는 손가락으로 서둘러 바지 단추를 채웠다. 위엄은 아닐지라도 품위는 되찾았을 때, 나는 스스로도 놀랄 만한 신랄함으로 녀석들을 나무랐다.

"이런 씨!"

나는 소리쳤다.

"지금 대체 뭐 하고 있는 거야, 이, 이 밝히기 좋아하는 엿보기 꾼들아! 저리가, 세상에 나 참!"

늑대들이 깜짝 놀랐다. 벌떡 일어서서 서로 제멋대로 짐작하듯 쳐다보더니, 잰 걸음으로 골짜기를 내려가다가 에스커 방향으로 사라져버렸다. 녀석들은 한 번도 뒤돌아보지 않았다.

그들이 떠나자 문득 다른 생각이 들었다. 녀석들이 내 무방비한 등 뒤, 거의 점프 한 번 하면 닿을 거리에서, 정말 얼마나 오래 앉아 있었는지를 생각해보니 정신을 차릴 수가 없었다. 늑대를 발견하면서 잠시 제쳐둔 일을 계속한다는 생각은 포기해야만 했다. 심신이 극도로 긴장되어 서둘러 짐을 싼 후 오두막으로 떠났다.

그날 밤 내 생각은 혼란스러웠다. 정말로 내 기도대로 늑대는 분명 다시 나타났다. 그렇지만 반대로 나는 대체 '누가 누구를' 감시하고 있는 것이냐는 의문에 집요하게 매달리게 되었다. 호모 사피엔스의 일원으로서 갖는 종 특유의 우월감에다 내가 받은 강도 높은 기술 훈련 때문에, 마땅히 스스로 으뜸 자리를 차지할 자격이 있다고 느껴온 터였다. 그런데 이런 자부심이 거부되었으며 사실상 내가 관찰당하고 있었다는 의심이 슬금슬금 생기자, 내 자아에 동요가 일어났다.

단호하게 내 위상을 바로잡기 위해 다음 날 아침 늑대가 있는 에스커에 곧장 가서 당연히 늑대 굴이라 여겼던 곳을 제대로 조사해 보기로 마음먹었다. 카누를 타고 가기로 결심한 것은, 강이 탁 트인 데다가 호수를 떠다니던 얼음장이 북쪽에서 불어오는 센 바람에 실려 물가에서 멀어져 갔기 때문이다.

내 표현으로 '울프 하우스 만'(Wolf House Bay)에 가는 뱃길은 쾌적하고 여유로웠다. 해마다 봄이면 순록 떼가 매니토바 삼림 지대에서 북쪽 멀리 듀본트 호수(Dubawnt Lake) 인근 툰드라 평원 지대까지 이주하면서 거쳐가는 길이기도 했다. 카누에 앉아 무수한 순록 떼가 습지를 가로질러감에 따라 사방으로 일렁이는 언덕들을 볼 수 있었다. 에스커에 다가갔을 때 늑대가 확실히 있는 것 같지가 않아서, 나는 녀석들이 점심을 해결하기 위해 순록 사냥을 나섰겠거니 하고 생각했다.

카누를 기슭에 대고 부담스런 카메라, 총, 쌍안경 및 기타 장비를 챙겨 들었다. 두려웠지만 미끄러운 에스커 모래 비탈을 힘겹게 기어 올라가서 암놈이 사라졌던 그늘진 곳까지 갔다. 가는 도중에 이 에스커가 늑대의 집은 아니라 할지라도 최소한 좋아하는 산책길 가운데 하나라는 확실한 증거를 발견했다. 여기저기 배설물이 흩어져 있었으며, 여러 곳에서 다니는 길을 잘 알아볼 수 있게 해주는 발자국이 발견된 것이었다.

굴은 에스커의 작은 마른 골짜기(와디, wadi) 부분에 아주 잘 숨겨져 있었다. 끽끽거리는 소리가 연달아 나지 않았더라면 못 보고 그냥 지나쳐버렸을 것이다. 멈추어서 돌아보았더니 내 아래 25피트도 안 되는 곳에서 작은 회색빛 동물 네 마리가 레슬링하듯 난투극을 벌이느라 여념이 없었다.

처음에 나는 이들이 어떤 동물인지 알아보지 못했다. 쫑긋한 귀를 한 통통하고 여우 같은 얼굴, 호박처럼 둥글고 똥똥한 몸통, 짧고 굽은 다리, 송송 돋은 잔가지 같은 꼬리털을 보고서도 전혀 늑대를 연상하지 못했다. 내 머리가 논리적 연상을 거부했던 것이다.

별안간 새끼 한 마리가 내 냄새를 맡았다. 자기 형제의 꼬리를 깨물려다가 멈추고는 흐릿한 파란 눈으로 나를 올려다봤다. 나를 보고 흥미를 느꼈음이 틀림없었다. 그들은 뒤엉켜 있다가 비틀거리며 벗어나더니 내 쪽으로 사뿐사뿐 뒤뚱뒤뚱 다가오는 것이었다. 그런데 얼마 오지 못해서 느닷없이 벼룩 한 마리가 녀석을 물어버렸는지 가려운 데를 긁느라 주저앉아야 했다.

이 순간 어른 늑대 한 마리가 목이 터져라 울부짖는 소리가 진동을 하며 경보를 울리고 있었다. 50야드도 안 되는 거리였다.

목가적인 분위기가 갑자기 광란의 분위기로 돌변했다.

새끼들은 굴 입구에 딱 벌어진 어둠 속으로 회색빛 번개처럼 줄을 지어 사라져버렸다. 나는 녀석을 마주보기 위해 돌아서다가 발을 헛디뎌 굴 쪽으로 난 비탈 아래로 미끄러지기 시작했다. 중심을 잡으려고 라이플 총구를 모래에다 깊이 박아 조금은 버텼지만 내가 빨리 미끄러져 내려가는 바람에 붙잡고 있던 라이플 멜빵이 풀어져 버렸다. 정신 없이 더듬어서 권총을 다시 집으려 했는데, 카메라와 장비 끈에 뒤엉켜서 총을 제대로 집을 수가 없었다. 그 과정에서 모래가 사방으로 날려 굴 입구 옆, 등성이 가장자리 너머, 그리고 에스커 비탈의 맨 밑바닥에다 총을 한 발씩 발사하고 말았다. 나는 기적적으로 다시 똑바로 설 수 있었다. 그것도 초인적인 곡예 끝에 겨우 말이다. 점프를 하는 스키 선수처럼 앞으로 숙이거나, 아니면 허리가 끊어지는 듯한 예각으로 뒤로 쏠리기를 반복하는 곡예였다.

아주 볼 만한 광경이었나 보다. 몸을 펴서 에스커 위로 올려다보니 어른 늑대 세 마리가 나란히 붙어서 로열박스의 관객처럼 지켜보고 있는 것이 아닌가. 모두 어처구니없다는 듯 즐거운 표정을 지으며 나를 유심히 내려다보고 있었다.

나는 울화통을 터뜨렸다. 과학 연구자라면 좀처럼 하지 않는 일이지만 나는 그러고 말았다. 지난 며칠 간 내 위엄이 너무 심하게 깎이면서 생긴 스트레스는 더 이상 연구자로서 지녀야 할 초연함을 지닐 수가 없게 만들었다. 분노로 으르렁거리며 라이플총을 겨눴지만 다행히도 모래가 꽉 차서 방아쇠를 당겨봤자 아무 소용이 없었다.

늑대들은 그때까지 전혀 놀라는 것 같지 않았다. 내가 분에 차서 어쩔 줄 모르고 펄쩍펄쩍 뛰면서 총을 흔들고 저주를 퍼붓기 시작하니까, 괴이하다는 표정을 주고받더니 조용히 내 시야에서 사라져버렸다.

나도 물러났다. 고된 조사 작업을 계속할 만한 기분이 도저히 아니었기 때문이었다. 사실대로 말하자면, 나는 어서 마이크의 집으로 돌아가서 갈갈이 찢어진 사기와 닳아 헤어진 허영을 달래주기 위해 늑대주스 단지 바닥을 핥는 것 이외에는 아무것도 할 기분이 아니었다.

그날 밤 나는 늑대주스로 오랫동안 유익한 시간을 가졌다. 알코올이 주는 치유 효과 때문에 심적인 상처에 대한 고통이 덜해지자, 지난 며칠 간의 사건들을 되짚어볼 여유가 생겼다. 수백 년 묵어 보편적으로 받아들여지는 늑대에 대한 사람들의 통념은 명명백백히 거짓말이라는 깨달음이 내 마음 밭에서 자라나고 있었다. 일주일도 안 되는 기간 동안 나는 모두 세 번씩이나 이 '포악한 킬러'들의 손에 완전히 내맡겨져 있었다. 그런데 그들은 내 사지를 갈기갈기 찢어놓으려 하기는커녕 나에게 모욕에 가까운 절제력을 보여주었다. 내가 자기 집을 공격하고 어린 새끼들에게 직접적인 위협을 가하는 것처럼 보였을 텐데도 말이다.

이 정도면 충분했지만 그래도 그런 신화를 그냥 하수구에 흘려보내기를 주저하는 희한한 마음이 남아 있었다. 주저하는 마음이 든 이유 중 하나는 늑대의 본성에 대한 통념을 폐기함으로써 과학에 대한 반역죄를 저지를 수도 있다는 생각이 들어서였다. 또 진실을 알아차림으로써, 위험과 모험이 불러일으키는 매력적인 분위기가 사라져버릴 수도 있다는 생각도 있었다. 그렇다고 내가 주저한 이유가, 같은 사람이 아닌 한낱 미물이 보기에도 형편없는 얼간이처럼 되어버린 나 자신을 인정하기 꺼려서였던 것만은 전혀 아니다.

그래서 나는 통념을 버리지는 않기로 했다.

늑대주스와 함께한 시간이 지나고 이튿날 아침이 되자 내 몸은 더 지쳐 있었다. 그러나 정신적으로는 말끔히 씻긴 기분이었다. 나는 내 안의 악마와 싸워서 이긴 것이다. 나는 이 시간부터는 열린 마음으로 늑대의 세계로 들어가서 늑대를 보고 아는 법을 배우기로 결심했다. 그러려니 하고 예측하는 게 아니라 실제 그대로를 말이다.

땅을 요구하다

 다음 몇 주간은 내 결심을 실행에 옮기는 작업을 했다. 내 장점인 철저함을 발휘하기로 한 것이다. 나는 완전히 늑대에게로 갔다. 제일 먼저 늑대 집에서 가까운 곳에 내 굴을 만들었다. 그들의 평화로운 삶을 특별히 방해하지 않으면서도 편히 다가갈 수 있는 최선의 거리였다. 결국 나는 낯선 인간이었고 늑대답지 않은 동물이었기에 지나치게 많이, 지나치게 빨리 다가가지 말아야 한다고 느꼈던 것이다.
 마이크의 오두막을 떠나며(그나마 미련이 없었던 것은 날씨가 따뜻해지면서 냄새도 지독해졌기 때문이다) 조그만 텐트를 가져와서, 굴이 있는 에스커 바로 맞은편에 있는 만 기슭에다 쳤다. 캠핑 장비는 최소한으로 줄였다. 작은 휴대용 난로, 냄비, 차주전자, 그리고 침낭이 대부분이었다. 무기는 하나도 가져가지 않았다. 이따금 두고 온 것을 잠깐이나마 후회한 적도 있었지만 말이다. 커다란 잠망경 같은 망원경을 텐트 입구에 잘 설치하여 침낭에서 나오지 않고서도 늑대 굴을 밤낮으로 지켜볼 수 있었다.

늑대 곁에서 묵은 처음 며칠 간은 잠시 필요한 경우가 아니고서는 텐트 안에만 머물렀다. 나갈 때는 꼭 늑대가 눈에 띄지 않는지 확인했다. 내 몸을 숨긴 이유는 녀석들이 텐트에 적응하여 아주 울퉁불퉁한 지형에 있는 또 하나의 돌출부로 받아들이도록 하려는 의도였다. 나중에 모기가 들끓기 시작할 때는 강한 바람이 불지 않는 한 사실상 모든 시간을 텐트 안에서 보내야 했다. 북극에서 가장 피에 굶주린 짐승은 늑대가 아니라 만족할 줄 모르는 모기들이었기 때문이다.

늑대를 방해하지 않도록 나는 필요 이상으로 조심했다. 녀석들에 대해서 어느 정도 아는 데는 일주일이 걸렸다. 그런데 그 쪽에서는 나를 처음 볼 때부터 간파한 것이 틀림없었다. 나를 평가하면서 특별히 경멸할 만한 점을 느꼈던 것 같지는 않지만, 어쨌든 녀석들은 내가 있다는 사실과 내 존재 자체를 당혹스러울 정도로 철저하게, 그럭저럭 무시하는 듯했다.

텐트를 늑대들이 다니는 주요 통로 하나에서 10야드 정도밖에 떨어지지 않은 곳에 친 것은 순전히 우연이었다. 그 길은 늑대들이 서쪽 사냥터로 오갈 때 쓰는 길이었다. 자리를 잡은 지 몇 시간이 지나지 않아서 늑대 한 마리가 사냥을 갔다가 돌아오는 길에 나와 텐트를 발견했다. 힘든 밤일을 끝내고 돌아오는 길이라 지쳐서 집에 가서 자고 싶어하는 모습이 역력했다. 녀석은 내게서 50야드 정도 떨어진 언덕을 넘어오고 있었다. 고개는 처지고 눈은 반쯤 감긴 채, 정신은 딴 데 팔린 듯했다. 소설에서 초자연적으로 경계심이 있고 의심이 많은 짐승이라고 묘사된 것과는 딴판으로, 이 늑대는 자신에게 너무 몰두해 있어서 15야드 안에 있는 나에게 곧바로 다가와 하마터면 텐트를 쳐다보지도 않고 그냥 지나칠 뻔했다. 내가 차 주전자에 팔꿈치를 부딪쳐서 쇳소리가 울리지 않았더라면 말이다. 늑대는 고개를 들더니 눈을 크게 떴다. 그러나 걸음을 멈추거나 늦추지 않았다. 고작 한 번 슬쩍 곁눈질을 해준 것이 지나가며 나에게 베푼 모든 것이었다.

눈에 띄지 않고 싶었던 것이 사실이지만, 그래도 이렇게 완전히 무시당하는 기분은 편치가 않았다. 그후로도 2주 동안 늑대 한두 마리는 텐트 앞길을 거의 매일 밤 이용했다. 그런데도 기억할 만한 딱 한 번을 빼놓고는 나에 대해서 털끝 만한 관심도 보이지를 않았다.

이 무렵에 나는 내 이웃인 늑대들에 대해 꽤 많이 알게 되었다. 드러난 사실 한 가지는, 그들이 일반적으로 알려진 것처럼 유목형 떠돌이가 아니라는 점이었다. 대신 그들은 정착형 동물로서 아주 분명한 경계가 있는 영구 사유지의 주인이었다.

나의 늑대 가족이 소유한 영토는 100평방마일 이상으로 이루어져 있었다. 한쪽은 강으로 경계지어져 있었지만 나머지는 지형으로 구분되지 않았다. 그렇지만 '분명히' 늑대만이 아는 방식으로 경계가 되어 있었다.

개가 자기 동네를 순회하면서 적당한 기둥에다 자기 표식을 해 놓는 모습을 본 사람들은 늑대가 어떻게 자기 소유지에다 표식을 하는지 짐작했으리라. 일주일에 한 번 정도 일족들은 가족의 사유지를 둘러보면서 경계 표식을 새롭게 했다. 일종의 '늑대식' 경계 치기였다. 재산권에 대한 이런 세심한 관심은 아마도 인접한 곳에 다른 늑대 가족들의 땅이 둘 더 있어서 필요했을 것이다. 그렇다고 내가 서로 인접한 사유지의 주인들 사이에 어떤 분쟁이나 불화의 증거를 발견한 것은 아니다. 그래서 내 짐작에 그것은 보다 의식(儀式)적인 행위가 아닌가 했다.

여하튼 내가 늑대들 사이에 존재하는 재산권에 대한 강한 집착에 대해 알게 된 이상, 이 지식을 이용하여 그들이 적어도 내 존재를 알아차릴 수 있도록 만들기로 했다. 어느 날 저녁 그들이 정기 야간 사냥을 떠난 뒤, 나는 내 재산권을 요구하고 나섰다. 거의 3에이커 정도의 면적을 요구했는데, 그 한가운데에는 텐트가 있었고 늑대들의 통로 중 100야드 정도를 포함시켜버렸다.

땅을 요구한 행위는 예상했던 것보다는 다소 더 어려운 일로 드러났다. 내 요구가 간과되지 않도록 확실하게 하기 위해서는 재산 표시를 그들과 같은 방법으로 해야만 할 것 같았다. 내가 요구한 땅 둘레에 15피트 이내의 간격으로 돌, 이끼 덩어리, 그리고 덤불 조각

같은 곳에다 말이다. 이 일은 온밤을 다 바쳐서 해야 했는데 텐트로 자주 돌아와 엄청난 양의 차를 마셔야만 가능했다. 그러나 여명이 사냥꾼들을 집으로 불러들이기 전에 일은 끝이 났고, 나는 꽤 지친 채 결과를 보기 위해 뒤로 물러났다.

기다리는 데 오래 걸리지는 않았다. 내 늑대 기록부에 따르면 08시 14분에 일족의 우두머리 수컷이 내 뒤에 있는 능선을 넘어서 나타났다. 특유의 몰두한 듯한 자세를 하고 집으로 털레털레 가고 있었다. 평소처럼 그는 텐트 쪽으로는 황송한 눈길 한 번을 주지 않았다. 그런데 내가 그어놓은 재산 구분선이 자기들의 통로를 가로지르는 지점에 다다르자, 그는 갑자기 무슨 보이지 않는 벽에 부딪힌 듯 멈춰버렸다. 그는 내게서 겨우 50야드밖에 떨어져 있지 않았기 때문에 쌍안경으로 그의 표정을 뚜렷이 볼 수 있었다.

피로한 기색이 싹 가신 듯 표정이 어리둥절해져 버렸다. 조심스럽게 코를 내밀어 내가 표시해둔 덤불 하나에 대고 킁킁거렸다. 그는 이 사태를 어떻게 받아들여야 할지 모르는 것 같았다. 한동안 어쩔 줄을 모르고 있더니 몇 야드를 물러나서 앉았다. 그리고 마침내 텐트와 나를 똑바로 쳐다보았다. 그것은 지긋하고 사려 깊으며 주시하는 듯한 시선이었다.

적어도 늑대 한 마리가 억지로라도 내 존재를 인지하도록 한다는 목표를 달성했는데도 슬그머니 불안한 마음이 들기 시작했다. 무지한 탓에, 알려지지는 않았지만 아주 중요한 늑대의 법을 어겨서 만용의 대가를 지불해야 하는 것이 아닌가 하는 걱정이었다. 무기가 없다는 사실을 아쉬워하게 된 것은, 내게 보내는 더 지긋하면서도 사려 깊어지고 여전히 응시하는 시선 때문이었다.

나는 점점 안절부절못하게 되었다. 노려보기 시합을 싫어하는 데다가, 특히 이 경우는 상대가 대가(大家)였기 때문이다. 나도 노려보려고 했을 때 늑대의 누렇게 번득이는 눈빛은 더욱더 강렬해지고 있었다.

상황은 견딜 수 없는 것이 되었다. 곤경에서 벗어나기 위해 큰 소리로 헛기침을 하고는 등을 늑대 쪽으로(10초를 세는 동안만) 돌렸다. 그가 계속 뚫어져라 바라보는 것이 그다지 불쾌한 것은 아니라도 별로 품위 있는 행동은 아니라는 사실을 가능한 한 분명히 나타내기 위해서였다.

그는 힌트를 알아차리는 것 같았다. 일어서면서 다시 한 번 내 표시에 코를 대고 킁킁거리더니 결심을 하는 듯했다. 힘차게 그리고 결단력 있는 태도로 주의를 내게서 돌리더니, 내 것이라고 주장한 지역을 체계적으로 돌아보았다. 경계 표시마다 가서 한두 번 냄새를 맡더니, 정성스레 '자기' 표시를 풀이나 돌덩어리 바깥마다 하는 것이었다. 그 광경을 보면서 나는 무지 탓에 헤아리지 못한 부분이 어디인지를 알게 되었다. 그는 표시를 워낙 경제적으로 해서 전체 순회를 마치는 데 한 번도 재장전을 하지 않았다. 비유를 살짝 바꿔 말하자면, 그는 연료 한 통으로 일을 다 마친 것이다.

과업을 완수하는 데 15분이 채 걸리지 않았다. 그는 처음으로 멈춰 섰던 지점으로 복귀하여 집으로 바삐 걸어갔다. 나에게 이런저런 생각들을 잔뜩 남겨두고서 말이다.

앨버트 아저씨는 멋쟁이

　일단 정식으로 설립하여 늑대의 인가를 직접 받은 이상, 그들의 영토 안에 있는 내 작은 거주 구역은 침해당하지 않고 있었다. 다시는 어느 늑대도 내 영역을 침범하지 않았다. 가끔 하나씩 지나가다가 멈추어 서서 구분선의 자기편 경계 표시를 새로이 하기는 했다. 의식(儀式) 면에서 뒤지지 않기 위해 나도 최선을 다해 같은 카드를 썼다. 신변의 안전에 대한 일말의 의심마저 다 녹아버렸기에, 나는 내 관심을 모두 이 동물의 연구 자체에만 바칠 수 있었다.
　관찰을 시작하면서부터 일찍이 그들이 잘 통제된 생활을 한다는 사실을 발견했다. 그렇다고 노예적인 규정에 얽매이는 것은 아니었다. 이른 저녁이면 수컷들이 일을 나갔다. 네 시에 떠날 때도 있고 여섯 일곱 시까지 늦어질 수도 있지만, 어쨌든 매일같이 밤 사냥을 나갔다. 사냥을 나가면 멀리 떨어진 곳까지 나아갔지만 내가 보기에 항상 가족 영토의 범위 안에서 머물렀다. 추산한 바로는 한 번 사냥에서 동이 트기 전까지 보통 30~40마일을 답파했다. 사정이 어려울 때면 아마 훨씬 더 먼 거리를 다녔으리라 생각한 것은, 때에 따라 오후가 되어도 집에 돌아오지 않았기 때문이다. 남은 낮 시간 동안은 잠을 잤는데, 늑대 특유의 방식을 구사했다. 5분에서 10분씩 몸을 감아올려서 늑대식 토막 잠을 자고, 매번 잠시 깰 때마다 슬쩍 둘러보고 한두 바퀴를 돈 뒤에 다시 조는 것이었다.

암컷과 새끼들은 낮 생활이 더 많았다. 수컷들이 저녁에 떠나고 나면 암컷은 보통 굴에 들어가서 지냈다. 그리고 가끔씩만 나와서 공기를 쐬거나 목을 축이거나, 때때로 간식을 챙기러 고기 저장고로 갔다.

이 저장고는 특별히 언급할 만한 가치가 있다. 이들은 절대 음식을 굴 가까이 저장하거나 남겨두는 일이 없었다. 곧바로 먹어치우기 위해 한 번에 적당량만 가지고 왔다. 잉여분이 있으면 꼭 저장고로 가져갔다. 저장고는 굴에서 반 마일 떨어진 표석 무더기의 바위틈에 있었다. 양육을 담당하느라 할 수 없이 장거리 사냥 여행에 동참할 수 없는 암컷이 주로 사용하는 장소였다.

저장고는 근처에 굴을 둔 여우 한 쌍이 몰래 이용하기도 했다. 늑대들은 분명히 여우 집의 위치를 알았을 터이고, 자기들 저장고에서 일정량이 새 나간다는 사실을 아마 정확하게 알았을 것이다. 굴을 파헤쳐서 여우 새끼들을 해치는 일은 아주 간단한 문제였겠지만 그들은 아무 제재도 하지 않았다. 여우 입장에서는 늑대를 전혀 두려워하지 않는 듯했다. 늑대에게서 몇 야드도 되지 않는 거리에서 무심한 듯 에스커를 가로질러 그림자처럼 휙 지나가는 모습을 몇 번이나 봤던 것이다.

나중에 알고 보니 불모지대 늑대가 사용하고 있는 굴은 원래 모두 여우 굴이었다가 늑대가 차지한 다음 확장한 것이었다. 여우는 예비 굴착자로서의 유용성 때문에 그런 특전을 보장받았는지도 모른다. 그렇지만 늑대의 전반적인 관대함이 그런 온화함으로 드러났다고 보는 것이 더 그럴듯하다는 생각이다.

낮에 수컷들이 쉬는 동안 암컷들은 자잘한 집안일을 부지런히 했다. 갑갑한 굴에서 떠들썩하니 빠져나온 새끼들도 기진맥진할 정도로 바쁘게 뛰어놀았다. 이런 식으로 24시간 내내 무언가가 진행되고 있거나 또 그러하리라는 기대감이 생겨서, 나는 망원경에 바짝 붙어 있을 수밖에 없었다.

이틀 밤낮을 거의 연속으로 관찰하고 나니 내 인내심이 거의 한계에 도달했다. 그것은 아주 난감한 상황이었다. 나는 중대한 무언가를 놓칠까 봐 눈을 붙일 수가 없었던 것이다. 한편으로는 너무 졸려서, 사물이 세 겹은 아니더라도 종종 두 겹으로 보이기까지 했다. 이런 효과가 잠을 쫓기 위해 마신 늑대주스의 양과 관련되었을 수도 있지만 말이다.

무언가 근본적인 조치가 필요하다는 생각이 들었다. 아니면 연구 계획이 전부 허물어져버릴 수도 있는 문제였다. 적절한 방안을 찾지 못하다가, 수컷 한 마리가 굴 가까이 낮은 언덕에서 편안히 졸고 있는 모습을 보고서 내 문제에 대한 실마리를 발견했다. 늑대처럼 토막 잠을 자는 법을 배우기만 하면 되는 일이었다.

요령을 깨우치는 데는 시간이 조금 걸렸다. 눈을 감았다가 5분 후에 다시 깨어나는 실험을 해보았는데, 되지가 않았다. 처음 두세 번 선잠을 자다가 결국 깨어나지 못하고 내리 몇 시간을 자버렸던 것이다.

내가 실패한 것은 내가 늑대의 행동을 모두 흉내내지는 못했기 때문이다. 결국 알아낸 사실은, 먼저 몸을 동그랗게 만 다음 토막 잠을 깰 때마다 빙글빙글 도는 것이 성공의 관건이라는 것이었다. 그것이 왜 그런지는 나도 모른다. 아마 몸의 위치를 바꾸어서 순환 촉진에 도움이 되었는지도 모른다. 대신 내가 '확실히' 아는 것은, 잘 조절한 일련의 늑대 잠이 휴식 문제에 대한 인간의 해답인 7~8 시간짜리 무의식 상태의 코마(Coma: 혼수상태 −옮긴이)보다는 훨씬 더 상쾌하다는 점이다.

불행히도 늑대 잠은 우리 인간 사회에서는 쉽게 잘 적용이 되지 않는다. 내가 문명으로 되돌아간 당시에 만나던 아가씨가 헤어지자고 했을 때도 그랬다. 그녀는 치를 떨면서 나와 함께 하룻밤을 더 지내느니 구루병(Rickets: 골연화증. 뼈가 물러져 곱사등이처럼 허리가 굽기도 하는 병 −옮긴이)을 앓아서 허리가 굽은 메뚜기와 사는 편이

낫겠다고 했다.

전적으로 늑대 가족의 나날에 주파수를 맞추다보니 그들에 대해 객관적인 태도를 취하는 일이 더 어려워짐을 느꼈다. 그들을 아무리 과학적인 객관성으로 보려 해도 각자의 개성이 주는 영향을 뿌리치기는 힘들었다. 아무리 봐도 제2차 세계대전 당시 내가 일개 사병이었을 때 모셨던 장군님과 너무 닮아서, 어느덧 나는 늑대 가족의 아버지를 조지라고 부르고 있었다. 공책에다가는 간결하게 늑대 'A' 라고 써놓고서도 말이다.

조지는 당당하고 탁월한 제왕의 풍모에 은백색 털을 지니고 있었다. 그는 몸집이 자기 짝보다 3분의 1 가량은 더 컸다. 하지만 자신의 대가적인 기품을 강조하기 위해 여분의 몸집이 필요한 것은 아니었다. 그의 위엄은 빈틈이 없어 보였지만 그렇다고 해서 결코 쌀쌀맞지는 않았다. 자기 잘못을 잘 인정하며, 다른 이에 대한 사려가 깊고, 적절한 범위 안에서 자애로운 그는, 가족에 대한 잠잠한 회상이 담긴 책에 자주 등장하는 이상적인 아버지상과 닮아 있었다. 그런 아버지의 진짜 원형은 땅을 두 발로 걸어다니는 짐승에게서는 좀처럼 보기 힘든 것이었다. 조지는 간단히 말해 아들이면 누구나 간절히 자기 아버지로 인정하고 싶어하는 그런 류였다.

그의 아내도 똑같이 인상적이었다. 호리호리하고 거의 순백색인데다, 얼굴 둘레의 무성한 목털과 넓은 양미간과 살짝 처진 눈이 말괄량이의 모습 같았다. 아름답고 원기가 넘치며, 어느 정도 열정적인 그녀는, 기분이 좋지 않을 때에는 독해지는 것이, 어쩐지 현모양처의 표본 같지는 않았다. 그래도 더 나은 엄마는 어디에도 없었으리라. 내 무의식 깜깜한 깊은 곳에서 어떻게 그 이름을 찾아냈는지는 알 수 없지만, 나는 그녀를 앤젤린이라고 부르고 있었다. 나는 조지를 아주 존경하고 좋아했다. 한편 앤젤린에 대해서는 몹시 정이 가서, 나는 지금도 그녀의 미덕을 다 갖춘 인간 여성을 어디선가 만났으면 하는 바람을 갖고 있다.

앤젤린과 조지는 가장 바랄 만하도록 서로에게 헌신적인 한 쌍 같았다. 내가 알기로 그들은 결코 싸우는 법이 없었으며, 잠시라도 떨어져 있다가 다시 만날 때에는 서로 숨김없는 기쁨을 주고받았다. 그들은 서로에게 지극한 애정을 품고 있었다. 그러나 안타깝게도 늑대의 성적 행위와 행동에 대해 자세히 기록하려고 남겨둔 내 공책의 여러 빈 페이지는, 조지와 앤젤린에 대한 것만은 완강하게 빈 상태로 남아 있었다.

기대에 훨씬 못 미치는 것이었지만, 짝지어진 늑대 한 쌍에게 육체적인 사랑은 대개 이른 봄인 3월에 2~3주 정도의 기간 동안만 맺어진다는 사실을 알게 되었다. 처녀 늑대는(그들은 모두 두 살이 되기까지 생식 경험이 없다) 그때 짝을 짓는다. 그러나 자기들의 주인인 인간들의 버릇을 많이 받아들인 개와는 달리 암컷 늑대는 수컷 하나와만, 그것도 일생 동안 짝짓기를 한다.

'죽음이 우리를 갈라놓을 때까지'라는 혼인 서약 구절이 인간들에게는 한낱 조롱거리일 뿐이지만, 늑대에게는 하나의 단순한 사실이다. 늑대는 엄격한 일부일처주의자이다. 비록 내가 이것을 반드시 탄복할 만한 특성이라고는 생각하지 않지만, 이 사실은 우리가 늑대에게 부여한 무절제한 난잡함이라는 평판이 꽤 위선적인 것임을 보여준다.

조지와 앤젤린이 얼마나 오랫동안 함께 지내왔는지 정확하게 알기는 불가능했지만, 나중에 마이크로부터 최소한 5년은 되었다는 이야기를 들을 수 있었다. 늑대와 인간의 상대적인 수명을 고려한다면 30년에 해당하는 기간이었다. 마이크와 에스키모들은 자기 지역에 있는 늑대들을 친근한 대상으로 여겼다. 에스키모는(마이크는 아니지만) 늑대를 아주 소중히 여겨서 죽이거나 해칠 생각을 하지 않았다. 그러니 조지와 앤젤린과 나머지 식구들이 에스키모에게 잘 알려져 있을 뿐만 아니라 굴이 있는 장소가 알려진 지 4~50년이 되도록, 여러 세대의 늑대들이 이곳에서 가족을 일굴 수 있었던 것이다.

늑대의 가족 구성에 대한 문제 하나가 처음에 나를 아주 얼떨떨하게 했다. 굴을 처음 찾아갔을 때 나는 어른 늑대 세 마리를 보았다. 그리고 관찰을 시작한 뒤 처음 며칠 간 나는 다시 몇 번이나 눈에 걸리는 늑대 하나를 목격했다. 그는 나에게 대단한 수수께끼 하나를 던진 셈이었다. 짝이 된 수컷과 암컷 및 한 무리 새끼로 이루어진 흐뭇한 늑대 가족이라는 생각까지는 나로서도 받아들일 수 있었다. 하지만 늑대 세계 구경을 웬만큼 했다고 해서 버젓이 드러나 있는 삼각관계를 설명하거나 받아들일 수 있을 만큼은 아직 아니었기 때문이다.

제3의 늑대가 누구이건 간에 그는 분명 하나의 캐릭터였다. 그는 조지보다 작았고, 그다지 나긋나긋하지도 원기가 있지도 않았으며, 흰색 바탕에 회색빛을 더한 털을 하고 있었다. 새끼들과 함께 있는 모습을 처음 본 뒤 나는 그를 '앨버트 아저씨'로 부르게 되었다.

밤샘 6일째 아침이 밝아올 때 하늘에는 구름 한 점이 없었다. 앤젤린과 꼬마들은 좋은 날씨를 맘껏 즐겼다. 모두 굴을 떠나 가까운 모래 둔덕으로 자리를 옮겼을 때는(새벽 3시였는데) 아직 해도 떠오르지 않고 있었다. 꼬마들은 신이 나서 엄마를 가만두지 않았다. 사람의 어미였다면 틀림없이 히스테리를 부렸을 것이다. 녀석들은 배가 고팠고 장난기로 가득 차 있기도 했다. 두 녀석이 앤젤린의 꼬리를 물어뜯으려고 안간힘을 다 쓰더니, 엄마의 털이 눈보라처럼 휘날릴지도 모른다는 생각이 들도록 서로 다투어 깨물었다. 나머지 두 녀석은 그녀의 귀를 떼어버리려고 온 힘을 다 쓰고 있었다.

앤젤린은 한 시간 가량을 얌전히 참을성 있게 견디고 있었다. 그러다가 애처롭게 부시시한 몰골이 되어 꼬리에 걸터앉아, 온통 할퀸 머리를 다리 사이에 처박은 채 자신을 방어하려 했다. 부질없는 일이었다. 꼬마들은 엄마의 발을 하나씩 붙잡고 공격하고 있었다. 나는 황야의 악마 킬러가, 자기 발과 꼬리와 머리를 한 번에 그리고 동시에 방어하고 있는 장관을 보는 대접을 받고 있었다.

결국엔 그녀도 포기를 했다. 더 이상 견딜 수 없도록 시달린 끝에, 그녀는 알 품는 자세를 풀어 펄쩍 뛰어나갔다. 그리고는 굴 뒤편에 있는 높은 모래 등성이 정상까지 달려갔다. 새끼 네 마리는 신이 나서 엄마를 쫓아갔지만, 붙잡기 직전에 그녀는 아주 특이한 소리를 토해냈다.

늑대의 의사소통이 도대체 어떻게 이루어지는 것인가 하는 의문은 시간이 흐름에 따라 더 흥미로워졌다. 그러나 이때 나는 사람도 아닌 동물 사이에서 복잡한 의사소통은 존재하지 않는다는 착각 속에서 여전히 헤매고 있었다. 앤젤린의 음조 높고 간절한 울부짖음이 무엇을 말하는 것인지는 도무지 알 수 없었다. 대신 그녀에게 동정심이 생겼고, 그녀의 체념하는 듯한 성격을 느낄 수 있었다.

그녀를 애처롭게 느끼는 것은 나 혼자가 아니었다. 그녀가 간절한 호소를 한 지 몇 초 이내에, 그리고 꼬마 폭도들이 그녀를 붙잡기 전에, 구세주가 나타난 것이다.

그것은 제3의 늑대, 바로 앨버트였다. 그는 만에 있는 물 아래로 가라앉으며 사라져 가는 에스커의 남쪽 끝, 모래가 움푹한 곳에 있는 잠자리에서 자고 있었다. 나는 그의 머리가 올라오는 모습을 보기 전까지 그가 거기 있었다는 사실을 몰랐다. 그는 벌떡 일어나서 몸을 턴 뒤 굴 쪽으로 곧장 빠른 걸음을 했다. 그리고는 엄마에게 가기 위한 마지막 비탈을 기어 오르려 하는 꼬마들을 낚아챘다.

나는 그가 어깨를 이용해서 먼저 가던 꼬마를 뒤로 넘어뜨리고는, 굴 쪽으로 난 아래 방향의 비탈 아래로 그 녀석을 굴리는 솜씨를 지켜보며 반하고 말았다. 녀석들의 돌격을 끊은 뒤 다른 꼬마의 통통한 엉덩이를 물었다. 그러더니 녀석들을 몰아서 나중에 알고 보니 놀이터였던 곳으로 되돌아가게 했다.

인간의 말을 늑대가 하도록 하는 것이 꺼려지지만, 다음에 일어난 장면의 의미는 너무나 뚜렷해서 꼭 이렇게 말하는 것 같았다.

"너희가 시합을 원한다면, 너희가 상대할 자는 바로 나다!"

정말 그렇게 했다. 그 다음부터 그는 자기도 꼬마들 중 하나인 것처럼 온 힘을 다 쏟아서 함께 놀았다. 놀이는 다양했는데 상당수는 꽤 알아볼 만했다. 술래잡기는 항상 즐기는 것으로, 앨버트는 반드시 '술래' 가 되었다. 꼬마들 가운데서 뛰고 구르고 누비면서 육아놀이터가 있는 둔덕은 절대 떠나지 않았다. 그러면서도 꼬마들을 실컷 쫓아다니게 만들어서, 마침내 지쳐서 단념하게 했다.

앨버트는 녀석들을 한동안 둘러보더니 앤젤린이 이제 한가로이 누워 있는 정상 쪽을 슬쩍 보고는, 지친 꼬마들 사이로 뛰어들어 몸을 쭉 펴고 눕더니 자기를 공격하라고 자청했다. 그것은 게임이었다. 하나씩 다시 일어나더니 전투에 돌입했다. 녀석들이 이번에는 정말 잔뜩 자극을 받아서 아무리 해도 지치지 않고 계속 덤볐다.

어떤 녀석들은 앨버트의 숨통을 끊어놓으려고 덤볐다. 비록 날카롭긴 했지만 꼬마들의 작은 이빨로는 그의 두터운 목털을 뚫을 수 없었겠지만 말이다. 한 녀석은 소아적인 가학성이 지나쳐서, 그에게로 등을 돌리고 발질을 하여 얼굴에다 모래를 퍼부었다. 나머지는 작고 굽은 다리로 올라갈 수 있는 최대한의 높이로 치솟아서, 앨버트가 공격받기 쉬운 복부로 쿵 소리가 제대로 나도록 뛰어내리는 것이었다. 그리고는 입에 닿는 약한 부분이면 어디든지 사정없이 깨물어버리려 했다.

나는 그가 얼마나 견딜 수 있을까 하는 의아심이 들었다. 그런데 분명히 오래 견디고 있었다. 꼬마들이 완전히 지쳐서 아예 비몽사몽한 상태로 곯아떨어지기 전까지는 일어나지 않았기 때문이다. 그러다 그는 뻗어 있는 작은 몸들을 밟지 않으려고 조심하며 마침내 교전을 끝내는 것이었다. 그리고 나서도 안락한 자기 잠자리로 (필시 고단한 밤 사냥 끝에 얻었을) 돌아가지 않았다. 대신 놀이터 둔덕의 가장자리에 앉아 늑대 토막 잠을 시작했다. 몇 분마다 한 번씩 깨어나 꼬마들이 바로 곁에서 여전히 안전하게 잘 자고 있는지 확인하기 위해 재빨리 훑어보는 것이었다.

그와 나머지 가족과의 진짜 관계가 무엇인지는 아직도 불확실하다. 그러나 내가 아는 한 그는 '멋쟁이 앨버트 아저씨'가 되었고, 내 기억 속에 그렇게 남아 있을 것이다.

쥐와 늑대의 관계는?

몇 주를 연구한 뒤에도 늑대가 어떻게 먹고사느냐 하는 중요한 문제를 푸는 것과는 여전히 거리가 멀어 보였다. 이것이 심각한 문제였던 것은 그것을 어떤 식으로든 내 상관들이 만족하도록 푸는 것이 내가 이 원정을 온 이유였기 때문이다.

순록은 북극의 불모지대에서 그나마 발견할 수 있는 유일하게 큰 초식동물이다. 비록 한때는 대평원의 버팔로만큼이나 숫자가 많았지만, 내가 이곳에 오기 전 30~40년 동안 급격히 숫자가 줄어드는 대재앙을 겪었다. 여러 정부기관이 사냥꾼, 트래퍼(Trapper: 덫을 놓아 잡는 모피 사냥꾼 -옮긴이), 모피 상인들에게서 입수한 증거에 따르면 순록의 멸종에 가까운 급감은 늑대의 약탈 때문임이 증명된 듯했다. 그러니 나를 고용한 '정치인 겸 과학자들'에게는 불모지대에서 이루어지는 늑대와 순록의 관계에 대한 연구 조사가, 논쟁의 여지가 없는 증거를 내놓을 안전한 방법으로 보였음이 틀림없다. 즉 늑대가 발견되기만 하면 응징하고 늑대를 멸절시키는 총체적인 캠페인을 채택하기 위해, 보다 넉넉한 구실을 제공할 만한 증거가 필요했던 것이다.

나는 내 임무를 수행했다. 그러나 상부를 기쁘게 할 만한 증거를 열심히 뒤졌건만 발견한 것은 하나도 없었다. 그럴 수 있을 것 같지도 않았다.

6월이 끝나갈 무렵, 철을 따라 이주하는 순록 떼의 마지막 무리도 여름을 나기 위해 '울프 하우스 만'을 지나 북쪽으로 200~300마일 떨어진 불모지대 북부를 향해 갔다.

내 늑대들이 그 긴 몇 달 간 먹을 것이 무엇이며 배고픈 새끼들에게 먹일 것이 무엇이든, 적어도 그것이 순록은 아닐 터였다. 순록은 가버리고 없었다. 그러면 순록이 아니고서 도대체 무엇이었을까?

나는 생각할 수 있는 모든 가능성을 다 따져보았다. 그러나 늑대 어른 셋과 꼬마 넷의 식욕을 다 채워줄 만한 먹이거리가 없는 것 같았다. 나를 빼놓고(가끔 그런 생각이 떠올랐다) 이 지역에서 늑대에게 적당한 먹이로 여겨질 만한 동물은 거의 남아 있지 않았던 것이다. 북극의 눈토끼가 있기는 했다. 그러나 그들은 아주 드물고 걸음도 빨라서 엄청나게 운이 좋은 경우가 아니고서는 늑대로서 잡을 엄두를 낼 수 없었다. 뇌조(雷鳥: Ptarmigan, 들꿩과에 속하는 새의 총칭 -옮긴이)나 다른 새들은 많았다. 그러나 그들은 날 수 있었고, 늑대는 그럴 수 없었다. 호수 송어(Lake trout: 북미의 차가운 호수에 사는 송어의 일종으로 크고 회색빛이다. -옮긴이)와 사루기(Grayling: 연어과의 민물고기. 무지개 송어의 일종 -옮긴이)와 흰물고기(Whitefish: 송어의 일종 -옮긴이)가 호수와 강을 메웠지만, 늑대는 수달이 아니었다.

나날은 지나갔고 신비는 깊어만 갔다. 문제가 더 풀기 어려워진 것은 늑대들의 영양 상태가 좋았다는 사실이다. 또 나를 거의 미칠 지경으로 당혹스럽게 만든 것은, 수컷 둘이서 밤마다 사냥을 나가서 아침마다 돌아왔지만 아무것도 집으로 가져오는 것 같지 않았다는 점이었다.

내가 보기에 녀석들이 모두 공기와 물만으로 된 특별한 식이요법으로 생존하고 있는 듯해 보였다. 한 번은 그들이 어떻게 살 수 있을지 너무 걱정이 되어서 오두막으로 돌아가 빵 다섯 덩이를 구워왔다. 그것을 '울프 하우스 만'으로 가져와서 사냥 다니는 길에다 놓아두었다. 그러나 내 선물은 거절당했다. 아니, 멸시당했다고 하는 편이 맞다. 아니면 아마 빵을 발견한 앨버트 아저씨가 그것을 단지 내가 새로 내세운 경계 표시의 일종이라고 생각하여, 응당한 대우를 받아야 한다고 생각했는지도 모른다.

대충 이 무렵 나는 쥐들과 문제가 생기기 시작했다. 스펀지 같은 물이끼 덩어리로 된 습지가 넓게 펼쳐진 환경은 몇몇 작은 설치 동물들에게는 이상적이었다. 이미 만들어진 이끼 매트리스에다 마음껏 굴을 파서 보금자리를 만들 수 있었기 때문이다.

그들은 다른 일도 했는데, 틀림없이 상당히 자주 했던 것 같다. 6월에서 7월로 넘어가면서 이 지역은 작은 설치류들로 우글거리는 느낌이었다. 가장 많은 것들은 레밍이라고 하는 나그네쥐였다. 녀석들은 유명한 자살 본능 때문에 문학작품에도 자주 등장했는데, 한편으로 놀라운 '생식 능력'에 대한 찬가도 모름지기 있어야 했다. 등이 붉은 대륙밭쥐나 들쥐는 마이크의 오두막을 엄청난 숫자로 공격하여, 내 보급품에 대한 녀석들의 식욕을 억제하지 못한다면 나는 곧 굶을 수밖에 없을 것 같았다. 그들은 늑대 가족처럼 내 빵을 무시하지 않았다. 그들은 내 잠자리도 무시하지 않아, 어느 날 아침 일어나 보니 쥐 한 마리가 내 침낭의 베개 안쪽에다 새끼를 열한 마리나 낳아놓은 꼴을 봐야만 했다.

생각해보면 늑대의 평판과 신체적 역량에 걸맞은 사냥감이 전혀 눈에 뜨이지 않는데도 늑대가 건강한 상태를 유지하는 비결을 밝혀내는 데 그토록 오랜 시간이 걸린 이유는, 단지 늑대에 대한 내 스스로의 세뇌가 너무 완벽했으며 아찔하도록 부정확한 것이었기 때문이다. 늑대가 쥐를 먹을 뿐만 아니라 쥐를 섭취하여 실제로 번성하며 가족도 부양한다는 생각은 늑대의 신화적 이미지와는 너무 어울리지 않아서, 고려해보기에도 몹시 우스꽝스러운 것이었다. 그렇지만 그것이 많은 늑대들이 어떻게 고기 저장고를 가득 채우는가 하는 문제의 해답이었다.

앤젤린이 나에게 귀띔을 해준 셈이다.

어느 날 오후 늦게 수컷들이 야간 작업을 위해 아직 쉬고 있는 동안 그녀가 굴에서 나와 앨버트 아저씨를 코로 밀쳤다. 아저씨는 하품을 하고 기지개를 편 뒤 힘겹게 일어섰다. 그러자 그녀는 굴이 있는 곳을 빠른 걸음으로 떠나 내 쪽으로 곧장 오더니, 넓게 퍼진 습지를 가로질러갔다. 앨버트에게는 최대한 즐겁게 해주라며 아이들을 맡기고서 말이다.

여기까지는 특별히 새로울 게 없었다. 나는 그녀가 앨버트를 징발하여(아주 가끔은 조지도) 베이비시터 일을 시키는 장면을 본 적이 있었다. 그 사이 그녀는 만으로 내려가서 물을 마시거나, 내가 잘못 안 사실이지만 그냥 산보를 하러 나갔다. 보통 산책은 내 텐트에서 가장 먼 쪽에 있는 만의 어느 지점까지 가는 것이었다. 거기서 그녀는 낮은 자갈 등성이에 가려서 보이지가 않았다. 그런데 이번에는 그녀가 내 시야에 완전히 들어와서, 나는 망원경을 돌려서 그녀를 관찰했다.

그녀는 곧장 바위 많은 물가로 갔다. 얼음물이 어깨까지 차오르는 곳까지 나아가 오랫동안 물을 들이마셨다. 그러는 사이 바다꿩(Old Squaw: 기러기목 오리과의 조류. long-tailed duck이라고도 한다. ─옮긴이) 한 무리가 주변을 날아가더니 그녀로부터 몇백 야드밖에 떨어지지 않은 곳에서 곤두박질을 쳤다. 그녀는 고개를 들어 한동안 그들을 유심히 관찰하더니 기슭 위로 되돌아갔다. 그리고는 갑자기 정신이 나간 듯 행동하기 시작했다.

강아지처럼 낑낑거리면서 자기 꼬리를 쫓기 시작하고, 바위 사이를 이리저리 구르며, 뒤로 드러눕기도 하고, 사지를 공중에 흔들기도 하여, 전반적으로 제정신이 아닌 것처럼 행동했다.

나는 망원경을 빙 돌려서 아이들이 와자지껄하는 가운데 있는 앨버트를 바라보았다. 그도 이 광란의 광경을 목격했는지 알아보기 위해서였다. 그는 그녀를 문제없다는 듯 보고 있었다. 사실 상당한 흥미를 가지고 앤젤린을 지켜보고 있었지만 조금도 놀라는 표정은 아니였다.

이때 앤젤린의 발작적 광증이 한창인 것 같았다. 찢어지는 비명소리를 토해내면서 마구 뛰어올라 허공에 삿대질을 해대는 것이었다. 경외심을 불러일으키는 광경이었다. 알고 보니 그녀에게 매료되어서 쳐다보고 있는 이는 앨버트와 나뿐만이 아니었다. 오리들도 호기심으로 최면에 걸린 듯했다. 기슭에서 벌어지는 이 불가사의가 너무 흥미로워서 그들은 더 가까이 보기 위해 헤엄을 쳐왔다. 목을 쭉 뻗어 자기들끼리 믿을 수 없다는 듯 재잘거리면서 점점 더 다가오는 것이었다. 그들이 다가올수록 앤젤린의 행동은 더 미쳐 가는 것 같았다.

맨 앞의 오리가 기슭에서 15피트도 떨어져 있지 않았을 때, 앤젤린은 녀석에게 풀쩍 뛰어 달려들었다. 엄청나게 물이 튀기고 공포에 질려 날개를 철썩이는 소리가 나더니, 오리들이 다 달아나버리고 없었다. 앤젤린은 간발의 차이로 저녁거리를 놓쳐버렸던 것이다.

이 사건은 나의 눈을 번쩍 뜨게 해주는 일이었다. 한낱 늑대는 말할 것도 없고 인간에게도 있으리라고 생각지 못한 먹이 획득의 다양한 가능성을 보여주었기 때문이다. 그런데 앤젤린은 곧 오리에게 마법을 거는 일은 단지 부업일 뿐이라는 사실을 증명했다.

몇 차례 몸을 힘차게 흔들어 물기를 털어내다 보니 작은 물방울들이 푸른 가랑비처럼 내려 잠시 그녀가 보이지 않을 정도였다. 그녀는 풀 가득한 습지대를 건너 터벅터벅 돌아왔다. 그런데 그녀의 동작이 만으로 나가던 길에 습지대를 통과할 때와는 사뭇 달랐다.

앤젤린은 그러지 않아도 사지가 가늘고 긴 편이었는데, 몸을 너무 쭉 펴니 말 그대로 발끝으로 걷는 것 같았다. 그리고 낙타처럼 목을 치켜드니 키가 몇 인치는 더 커진 것 같았다. 그녀는 맞바람을 받으며 지독하게도 천천히 습지대를 가로질러 가고 있었다. 그녀의 귀는 아주 희미한 소리를 듣기 위해 양쪽이 모두 곤추선 듯한 인상이었다. 동시에 코는 순간적인 냄새를 포착하기 위해 바람을 걸러내듯 주름을 짓고 있었다.

별안간 그녀가 튀어나갔다. 말이 등에 탄 사람을 떨어뜨리려고 하는 것처럼 뒷다리로 박차고 오르더니, 앞다리를 모두 앞쪽으로 뻣뻣하게 내밀고서 추진력을 받아 다시 내려왔다. 바로 고개를 떨구더니 한 번 낚아채고 삼킨 다음, 특유의 새침한 발레 자세로 습지를 질러갔다. 10분 동안 여섯 번을 앞발을 뻗어 튀어나가기를 반복했다. 그러는 동안 나는 그녀가 집어먹는 것이 무엇인지 전혀 눈치채지를 못했다. 일곱번째는 목표물을 놓치고 빙그르 돌더니, 탈지면 같은 풀에 뒤엉켜서 미친 듯이 잡아채기 시작했다. 그녀가 고개를 들었을 때, 이번에는 놓칠 것 없이 분명하게 그녀의 입에서 쥐의 꼬리와 뒷부분이 흔들리는 광경을 목격했다. 한 번 꿀꺽하니 그것마저 사라져버렸다.

이 대륙에서 가장 강력한 육식동물의 하나가 쥐 사냥을 하는 광경을 꽤 즐기기는 했지만, 나는 그것을 그다지 심각하게 여기지는 않았다. 앤젤린이 그저 장난을 치고 있겠거니 하고 생각한 것이다. 말하자면 간식 정도로 말이다. 그러나 그녀가 대략 스물세 마리가 되는 쥐를 먹으니 의아해지기 시작했다. 쥐는 작다. 그러나 스물세 마리면 합해서 상당한 양의 음식이 된다. 늑대에게도 말이다.

사실을 더 따져보고서 나중에야 명백한 사실을 스스로 받아들일 수 있게 되었다. '울프 하우스 만'의 늑대들은, 그리고 적어도 추론상으로 순록의 여름철 서식지 밖에서 가족을 부양하는 불모지대의 모든 늑대들은, 거의 모두는 아닐지라도 쥐를 주식으로 하여 살고 있었던 것이다.

한 가지 점만은 아직도 모호했다. 그것은 잡은 쥐를(밤새 했다면 엄청난 수였을) 어떻게 굴로 가져가서 새끼들을 먹이느냐였다. 나는 이 문제를 마이크의 친족 몇을 만날 때까지 풀지 못했다. 그 중 하나는 우텍이라는 매력 있는 친구였는데(문명의 훈련을 받지는 않았지만 일급의 자연학자였다), 그가 수수께끼를 해결해주었다.

늑대가 겉으로 쥐들을 운반하는 것은 불가능하기에 다음으로 가장 나은 방법을 선택해야 하는데, 그것은 뱃속에다 집어넣고 집으로 가져오는 방법이라는 것이었다. 조지나 앨버트가 사냥에서 돌아와서 굴로 곧바로 기어 들어가는 모습을 본 적이 있다. 당시에는 눈치채지 못했지만 그들은 이미 일부는 소화가 된 그날치 양식을 게워내고 있었던 것이다.

여름 막바지에 꼬마들이 에스커의 굴을 떠났을 때, 어른 늑대 하나가 녀석들에게 음식을 게워내주는 모습을 몇 번 보았다. 그런데 만일 그들이 무얼 하고 있는지 알지 못했다면, 나는 아마 그 행동을 잘못 해석하면서 늑대들이 어떻게 전리품을 집으로 운반하는지에 대해 조금도 더 아는 바가 없는 상태로 지냈을 것이다.

쥐가 늑대의 일상 식품에서 주요 품목의 하나라는 사실은 쥐 자체에 대한 나의 관심을 불러일으켰다. 나는 즉각 쥐 조사에 나섰다. 예비 작업으로 150개 가량 되는 쥐덫을 인근 습지에 놓아서 성, 연령, 조밀도, 그리고 종별로 쥐 개체 수의 대표 샘플을 얻기로 했다. 텐트에서 멀지 않은 습지를 선택했는데, 늑대가 쥐 사냥을 한 대표적인 습지의 하나일 것이라는 가설에 따른 것이었다. 또한 가까워서 덫을 자주 손질할 수 있겠다 싶기도 했다. 하지만 이 선택은 실패였다. 쥐덫을 정렬한 지 둘째 날 조지가 우연히 그 방향으로 지나가게 되었기 때문이다.

그가 오는 것을 보고 나는 어찌할 바를 몰랐다. 여전히 서로간의 경계를 철저히 지키고 있었기 때문에 내 거주지를 뛰쳐나가서 진로를 바꾸라고 하고 싶지가 않았던 것이다. 또 한편 수렵 금지 구역에서 밀렵을 하고 있는 나를 발견했을 때 그의 반응이 어떠할지 알 수가 없었기 때문이다.

습지 가장자리에 와서 잠시 냄새를 맡더니 내 쪽으로 의심스러운 시선을 던졌다. 내가 침입한 사실을 분명히 알았지만 왜 그랬는지는 알 수가 없어 얼떨떨한 표정이었다. 사냥할 생각은 없이 습지 가장자리의 폭신한 풀밭을 지나다니기 시작하더니, 끔찍하게도 나 그네쥐가 은신한 굴 주변에 10개나 설치한 덫을 향해 곧장 가고 있었다.

무슨 일이 일어날지는 불을 보듯 뻔하다는 생각이 번쩍 들더니 나도 모르게 벌떡 일어나 목청껏 외쳤다.

"조지! 세상에나, 잠깐만!"

너무 늦었다. 내 외침은 그를 놀라게만 하여 갑자기 빨리 움직이게 만들었다. 과장 없이 열 걸음 정도는 가더니, 눈에는 안 보이는 사다리를 타고 공중으로 올라가기 시작했다.

얼마 후에 현장을 조사하기 위해 갔더니, 득점으로 치자면 덫 열 개 정도 중에서 여섯 개가 성공이었다. 물론 덫이 그를 다치게 하지는 않았음이 틀림없다. 하지만 알려지지 않은 적에 의해 발가락 여러 개가 한꺼번에 물리는 충격과 고통이 상당했음은 확실하다. 내가 알고 나서 처음이자 유일하게 조지가 위엄을 잃었다. 문틈에 꼬리가 낀 개처럼 깽깽거리면서 집으로 질주를 한 것이다. 축제 날의 색종이 조각처럼 쥐덫을 흩뿌리며 말이다.

나는 이 사건에 대해 마음이 몹시 불편했다. 우리 사이의 관계에 심각한 불화를 가져올 일이었던 것이다. 그렇게 되지 않았던 것은 모두 잘 발달된 조지의 유머 감각 덕분이라고 할 수밖에 없다. 그래서 그는 이 일을 인간이나 할 수 있는 그런 종류의, 거칠고 멋없는 장난으로 받아들인 것이다.

크림소스 마우스

늑대의 여름 주식이 쥐라는 사실을 알았다고 해서 영양학 분야의 내 작업이 끝난 것은 아니었다. 쥐와 늑대의 관계가 과학계에 미칠 영향이 혁명적이어서, 철저히 파헤쳐서 타당성에 대한 의심의 여지가 없다는 사실을 입증하지 않는다면 의심에다 조롱까지 받을 것이 뻔했다.

나는 이미 두 가지 점을 증명해놓았다. 첫째, 늑대가 쥐를 잡아서 먹었다는 것. 둘째, 작은 설치동물들이 늑대의 개체 수를 먹여 살릴 만큼 충분히 많다는 것.

그런데도 내 주장을 증명하기 위해 핵심적인 제3의 논점이 남아 있었다. 그것은 쥐의 영양가 문제였다. 작은 설치류를 먹고도 커다란 육식동물이 건강 상태를 유지할 수 있다는 것을 증명하는 것이 필수적이었다.

나는 증명이 쉽지 않으리라는 점을 알고 있었다. 통제된 실험만이 그런 증명을 확실히 하는 방법이었다. 늑대에게 그런 통제를 가할 수 없는 나로서는 어찌할 도리가 없었던 것이다. 마이크라도 가까이 있었다면 아마 그의 허스키를 두 마리 빌려서 실험을 했을 것이다. 하나는 쥐만 먹이고 나머지 하나는 순록고기만 먹여서(만일 구할 수만 있다면) 비슷한 테스트를 한 다음, 쥐와 늑대에 대한 주장의 타당성 여부와 관계없이 증거로서 제시할 수 있었을 것이다. 그러나 마이크는 가버렸으며, 나로서는 언제 돌아올지 알 수가 없었다.

   며칠 간 그 문제를 곰곰이 생각해 보았다. 그러던 어느 아침 나그네쥐와 들쥐를 표본으로 쓰기 위해 준비하는 동안 영감이 번쩍 떠올랐다. 인간이 전적으로 육식동물인 것은 아니지만, 나 스스로를 실험 대상으로 쓰지 못할 특별한 이유를 발견할 수는 없었다. 나 하나밖에 없다는 점이 아쉽긴 했다. 그러나 그런 어려움은 두 개의 실험 기간을 둠으로써 해결할 수 있는 문제였다. 즉 한 번은 기간 내내 쥐만 섭취하도록 통제하고, 나머지 한 번은 같은 기간 동안 통조림 고기와 직접 잡은 생선만 먹는 것이었다. 각 기간 끝에는 나 자신에 대한 일련의 생리학적 테스트를 실시한 다음, 최종적으로 두 결과를 비교하면 되는 일이었다. 늑대를 대상으로 하는 실험만큼 확증적이지는 못하겠지만, 쥐로 섭생을 해도 내 신진대사 기능이 지장을 받지 않는다는 증거가 있으면 늑대도 같은 음식으로 생존하며 정상정인 활동을 할 수 있다는 사실을 강하게 시사해줄 것이었다.

'시작하기에 지금처럼 좋은 때가 없다'는 말이 있듯이, 나는 당장 그 실험을 시작하기로 마음먹었다. 아침에 한 대야 가득 한바탕 껍질을 벗겨둔 쥐의 작은 고깃덩이들을 씻은 다음, 냄비에 넣어 휴대용 난로 위에 걸어놓았다. 물이 끓기 시작하자 냄비에서는 아주 묘하게 향기로운 냄새가 났으며, 스튜가 다 만들어졌을 즈음 나는 상당히 식욕이 돌았다.

처음에는 이 작은 포유류를 먹는 일이 수많은 잔뼈 때문에 꽤 성가셨다. 하지만 그 뼈란 별 어려움 없이 씹어서 삼킬 수 있는 정도임을 알게 되었다. 쥐의 맛이란 순전히 주관적인 요소이면서 실험과는 아무런 상관이 없는 것으로서, 나에게는 조금 싱겁기는 했어도 만족스러운 것이었다. 실험이 진행됨에 따라 이 싱거움은 먹는 재미를 앗아갔고 급기야 식욕을 잃게까지 되자, 나는 다양한 요리 방법을 찾아야만 했다.

내가 개발한 몇 가지 조리법 중에서 가장 나은 것은 크림을 곁들인 쥐 요리다. 혹시 독자 여러분 중 여태껏 간과되어온 이 동물성 고단백질을 개인적으로 개발하는 데 관심이 있는 분을 위해 조리법을 모두 소개한다.

크림소스 마우스

재료: 통통한 쥐 여남은 덩이, 소금 및 후추, 밀가루 한 컵, 클로버 예닐곱 잎, 간한 돼지고기(간한 돼지고기는 북극에서만 구할 수 있으니, 보통 소금에 절인 돼지고기로도 가능하다는 점을 밝힌다) 한 덩어리, 에틸 알코올

쥐의 껍질을 벗기고 내장을 빼되, 머리는 떼내지 않는다. 씻어서 냄비에 넣고 고기가 잠길 정도로 알코올을 붓는다. 두 시간 정도 담궈 둔다. 돼지고기를 잘게 썰어서 지방분이 다 빠질 때까지 천천히 볶는다. 고기를 건져내서 소금과 후추 간을 한 밀가루를 입힌다. 프라이팬에 놓고 5분 정도 지진다. (이때 팬이 너무 빨리 뜨거워지게 되면 연한 고기의 수분이 다 날아가버려 고기가 질겨진다.) 알코올 한 컵과 클로버 예닐곱 잎을 넣는다. 팬을 덮은 다음 15분 동안 약한 불에 서서히 끓인다. 크림소스는 일반 조리법에 따라 만들어도 무방하다. 준비된 소스를 고기에 흠뻑 뿌린 다음, 덮어놓고 10분 정도 따뜻한 상태로 두면 완성이다.

쥐만 먹기 시작한 첫 주 동안 내 원기에는 지장이 없었으며, 뚜렷한 부작용도 전혀 없었다. 달라진 점이 있다면 지방분에 대한 욕구가 강해지기 시작했다는 것이었다. 이 욕구 때문에 여기까지 내

가 한 실험의 타당성이 부분적으로 떨어진다는 사실을 깨닫게 되었다. 실수였다. 내가 받은 과학 수련을 무용지물로 만드는 일이었다. 늑대들은 내가 기억하기로 쥐를 '통째로' 먹었던 것이다. 게다가 직접 해부한 결과를 봐도 이 작은 설치동물은 지방분을 대부분 뱃속에 저장하고 있었다. 피부 아래나 근육조직 대신, 내장을 싸는 복막이 다른 복막과 겹쳐진 장간막(腸間膜)에 지방분이 붙어 있었던 것이다. 변명의 여지가 없는 실수였기에 바로 고치기로 했다. 그때부터 실험이 끝날 때까지 나도 쥐를 통째로 먹은 것이다. 물론 껍질은 빼고 말이다. 그러고 나니 지방분에 대한 욕구가 덜했다.

쥐만 먹는 실험 막바지에 마이크가 오두막으로 돌아왔다. 그는 자기 에스키모 사촌 하나를 데리고 왔다. 우텍이라는 이 젊은이는 나중에 좋은 친구가 되었으며, 내 늑대 연구에 헤아릴 수 없을 만큼 소중한 역할을 했다. 그러나 그를 처음 만났을 때에는 그도, 마이크가 그랬있고 여전히 그런 것처럼 말 없고 접근하기 힘든 사람으로 보였다.

나는 오두막으로 되돌아가서 보급품을 더 가져오려던 참이었다. 굴뚝에서 연기가 피어오르는 모양을 보자 너무 기뻤다. 사실 인간적 교제를 약간이나마 했을 때가 그리워지기도 했으니까. 오두막에 들어서니 마이크는 프라이팬 한 가득 순록고기 스테이크를 굽고 우텍은 곁에서 지켜보고 있었다. 그들은 운 좋게도 약 60마일 북쪽에서 헤매던 동물을 잡을 수 있었다. 어색하게 몇 분이 흐르는 동안 마이크는 되도록이면 나의 존재를 무시하려고 노력하는 듯했다. 그러다 내가 먼저 어렵사리 어색한 침묵을 깨고 우텍에게 소개할 기회를 얻어냈다. 그러자 우텍은 우선 탁자 반대쪽으로 슬그머니 가서 가능하면 멀찍감치 떨어져 앉는 것이었다. 그후 이 둘은 만찬을 들기 위해 자리에 앉았다. 그리고 마이크는 마침내 나에게도 스테이크 요리를 한 접시 주었다.

먹었으면 참 좋았을 것이다. 그런데 나는 여전히 실험 중이었기에, 마이크에게 먼저 설명한 다음 거절을 해야 했다. 그는 에스키모 조상에게서 물려받은 뜻 모를 침묵과 함께 양해를 해주었다. 그러면서 우텍에게 내 설명을 전달해주었고, 우텍은 그 사실과 나를 어떻게 받아들였든 간에 전형적인 에스키모 방식으로 반응을 보였다. 그날 저녁 늦게 내가 관측 텐트로 돌아가려는데, 우텍이 나를 오두막 밖에서 기다리다 갑자기 불러세웠다. 수줍어했지만 매력이 있는 미소를 띠며 순록 가죽으로 싼 조그만 꾸러미 하나를 내밀었다. 나는 고마워하며 꼭 묶은 매듭을 풀고서 일종의 선물을 확인했다. 조그맣고 파란 알 다섯 개를 묶어놓은 것이었다. 틀림없이 개똥지빠귀 종의 하나에게서 난 것들로서 정확히는 알 수 없었다.

고맙다고 하면서도 선물의 뜻을 알 수가 없어 오두막으로 돌아가 마이크에게 물어보았다.

"에스키모는 사람이 쥐를 먹으면 몸이 쥐처럼 작아진다고 생각해."

그가 주저하며 설명했다.

"대신 새의 알을 먹으면 다 괜찮아진다고 생각해. 우텍은 너를 보고 놀란 거야."

증거가 불충분했으니 나로서는 그것이 단순히 미신일 뿐이었는지는 알 수가 없었다. 하지만 조심한다고 해서 전혀 손해 볼 일은 없었다. 알이(합쳐봐야 1온스도 되지 않았다) 내 쥐 실험의 타당성에 영향을 주지는 않으리라고 생각하여 프라이팬에 깨 넣고 꼬마 오믈렛을 만들어 먹었다. 둥지를 트는 시기가 성큼 다가온 만큼 알도 내용물이 많이 자라 있었다. 그래도 잘 먹어야 했던 것은, 우텍이 유심히 지켜보고 있어 맛있다는 표시를 해줘야 했기 때문이다.

그제서야 환하게 웃는 에스키모의 얼굴에서 기쁨과 안도의 빛이 나타났다. 그는 아마 나를 죽음보다 더한 파멸에서 구해냈다고 확신했을 터이니 당연한 반응이었다.

마이크에게는 내 연구 작업의 중요성과 성격을 이해시키지 못했지만 우텍에게는 그런 어려움이 없었다. 아니면 이해를 못했다 하더라도 그는 처음부터 그것이 중요하다는 나의 확신을 인정하려 했다고 해야 옳을지도 모른다. 한참이 지나서야 나는 우텍이 자기 부족의 무당 내지 주술사라는 사실을 알게 되었다. 그리고 그는 마이크에게서 들은 이야기와 자신이 직접 본 사실을 종합하여, 좀 낮선 점들이 많긴 하지만 나도 무당이 틀림없다고 여겼던 것이다. 그의 입장에서는 그렇게 여김으로써 달리 이해하기는 힘든 내 행동에 대한 적절한 설명이 가능했기 때문이다. 또 이기적인 동기가 우텍에게 있었다고 하기는 좀 뭐하지만, 그는 나와 함께함으로써 직업상의 비법에 대한 지식을 확대하고자 하는 마음이 있었을 수도 있다.

어떤 경우든 우텍은 나를 따라다니기로 했다. 바로 다음 날 그는 늑대 관측 텐트에 잠자리 덮개를 가지고 나타났다. 분명히 오래 머물 채비를 하고 있었다. 거추장스럽고 성가신 존재가 될 수도 있다는 두려움은 곧 달아나버렸다. 우텍은 마이크에게서 영어를 몇 마디 배워둔데다가 말귀가 하도 밝아서, 우리는 금세 기본적인 의사소통을 할 수 있었다. 그는 내가 늑대를 연구하는 데 시간을 다 바친다는 사실을 이해하고서도 놀라지 않았다. 그는 자기도 늑대에게 아주 관심이 많다고 말했다. 자기의 개인적 숭배물 또는 도움을 주는 정령이 '아모락'이라는 늑대의 영이기도 했기 때문이다.

우텍은 알고 보니 엄청나게 도움이 되는 존재였다. 그에게는 늑대에 대하여 우리 사회가 갖고 있는 통념의 실체를 구성하는 오해가 전혀 없었다. 사실 그는 너무나 친숙한 나머지 이 동물들을 자기 친족처럼 여기고 있었다. 나중에 내가 그의 언어를 조금 배우고 그의 영어 실력도 늘었을 때, 그는 자기가 다섯 살 때 용한 무당이었던 아버지를 따라 늑대 굴로 가본 적이 있었다고 말했다. 그리고 혼자 24시간 동안 남아서 늑대 새끼들과 친구가 되어 똑같은 조건에서 놀았다고 했다. 어른 늑대들은 냄새만 맡을 뿐 아무런 해코지도 하지 않았다고 했다.

그가 늑대에 대해 나에게 한 말을 합당한 증거 없이 다 받아들였다면 비과학적인 행동이었을 것이다. 한데 그런 증거를 발견할 때마다 그는 언제나 옳았다.

늑대의 정령

우텍이 나를 받아들이자 마이크의 태도가 달라지기 시작했다. 마이크는 내 머리가 어딘지 이상하며 제대로 살펴보지 않으면 위험할 수도 있다는 뿌리 깊은 의심을 여전히 품고 있었지만, 과묵한 성격이 허락하는 한 마음을 열었고 도와주려고 노력했다. 이것이 나에게 아주 유리한 일이었던 것은, 우텍과 나 사이의 통역자로서 그가 도움을 줄 수 있었기 때문이다.

우텍은 늑대의 식습관에 대해 내가 알고 있는 것을 보충해줄 지식을 많이 갖고 있었다. 늑대의 음식 섭취에서 쥐가 차지하는 역할에 대해 내가 발견한 점들을 확인해주었을 뿐더러, 늑대가 땅다람쥐도 상당히 많이 먹으며 어쩔 때는 순록보다 더 좋아하는 것 같다는 이야기도 해주었다.

이 땅다람쥐는 북극지방을 통틀어서 풍부하게 서식한다. '울프 하우스 만'이 북극권 남쪽에 있긴 하지만 말이다. 이들은 서부 평원

지대에 흔한 뒤쥐와 가까운 친척이다. 그러나 뒤쥐와 다르게 자기 보존 능력이 아주 약하다. 그래서 이들은 쉽게 늑대와 여우의 먹이가 되고 만다. 여름이면 잘 먹고 통통해져서 무게가 2파운드까지 나간다. 그러면 늑대는 순록을 사냥하는 데 드는 힘의 적은 일부만 가지고도 훌륭한 먹이를 장만할 만큼 이들을 많이 잡을 수 있다.

나는 물고기가 늑대의 먹이 축에는 거의 들지 않으리라고 짐작했었는데, 우텍은 내가 틀렸음을 확인해주었다. 그는 늑대가 잭피쉬나 노던파이크라 불리는 창꼬치류 물고기를 잡는 모습을 봤다고 했다. 봄 산란기가 되면 무게가 40파운드까지 나가는 이 큰 물고기는, 호숫가 기슭을 따라 난 습지대에 복잡하게 얽혀 있는 좁은 물길망에 몰려든다.

늑대가 물고기를 쫓아갈 때는 개중 큰 물길에 뛰어들어 엄청나게 물을 튀기며 거슬러 올라간다. 그리고는 앞에 있는 창꼬치를 점점 더 좁고 얕은 물길로 몰아가는 것이다. 마침내 물고기는 위험을 감지하고 넓은 물로 헤쳐나가기 위해 방향을 튼다. 그러나 늑대는 버티고 서 있다가, 그 큰 입으로 한 번 덥석 물기만 하면 아무리 큰 창꼬치라도 등뼈가 으스러지기 마련이었다. 우텍은 언젠가 늑대 한 마리가 한 시간도 못 되어 커다란 창꼬치를 일곱 마리나 잡는 모습을 보았노라고 했다.

그는 늑대가 산란을 하기 위해 툰드라 냇물을 거슬러 올라가는 서커라고 하는 느릿한 물고기를 잡기도 한다고 했다. 그런데 이때에는 냇물이 얕은 곳에 있는 바위 위에서 웅크리고 있다가 서커가 지나갈 때 낚아채는 방법을 썼다. 곰이 연어를 잡을 때 쓰는 방법과 비슷한 식이다.

또 하나의 작은 먹이는 북극 스컬핀이라는 독중개과 물고기로 여울목 바위 밑에 잘 숨어다니는 종이었다. 늑대는 물가를 지나다니다 발이나 코로 바위를 뒤집은 다음, 노출된 스컬핀이 도망가기 전에 덥석 물어서 잡았다.

여름이 막바지에 들어선 어느 오후에 앨버트 아저씨가 한동안 스컬핀 낚시에 열을 올리는 모습을 보고서, 나는 우텍의 말을 확인할 수 있었다. 안타깝게도 늑대가 창꼬치를 잡는 모습은 보지 못했다. 대신 늑대가 쓰는 방법을 우텍에게서 들었기에 직접 시도해서 멋지게 성공할 수 있었다. 모든 면에서 들은 대로 늑대의 행동을 모방해보았다. 최후의 일격을 가하기 위해서 내 이빨 대신 짧은 창을 이용한 점만 빼놓고 말이다.

늑대의 특성에 대한 이런 보조 정보들은 매력적인 것이었다. 그러나 우텍이 진정 내 눈이 뜨이게 해준 것은 늑대의 삶에서 순록이 차지하는 역할에 대해 이야기할 때였다.

그의 말에 따르면 늑대와 순록은 하도 가까운 사이라서 거의 같은 존재라는 것이었다. 그는 구약성경에 나오는 것 비슷한 이야기 하나를 들려주면서 자기 말을 설명했다. 그런데 그것은 마이크가 확인해준 바에 따르면 내륙 에스키모들의 반(半)종교적인 민속설화의 일부분이었다. 아아, 불멸의 영혼 덕분에 여전히 행복한 이방인이었던 그들 말이다.

우텍의 이야기를 풀어서 말하면 이렇다.

"태초에 여자와 남자가 있었어. 세상에 걷거나 헤엄치거나 날아다니는 것은 하나도 없었어. 그러던 어느 날 여자가 땅에 커다란 구멍을 파서 낚아올리기 시작했지. 하나씩 온갖 동물을 끄집어냈는데, 구멍에서 마지막으로 꺼낸 게 순록이었어. 하늘의 신인 카일라가 여자에게 가라사대, '순록은 가장 큰 선물이니 곧 사람의 양식이기 때문이라' 하였지.

여자는 순록을 풀어주며 땅 너머로 가서 수를 늘리라고 명령했어. 순록은 여자가 하라는 대로 했지. 땅이 순록으로 가득 찼을 때, 여자의 아들들은 사냥을 너무 잘했어. 그래서 그들은 먹고 입고 살 만한 좋은 가죽 텐트를 얻었어. 모두 순록에게서 난 것이었지.

여자의 아들들은 크고 살진 순록만 잡았어. 약하고 작고 병든 것들을 죽이기 싫었던 것은, 먹기도 나쁘고 가죽도 별로였기 때문이지. 그런데 시간이 흐른 뒤 병들고 약한 것들이 살지고 튼튼한 것들보다 더 많아지기 시작했어. 이걸 본 아들들은 놀라서 여자에게 불평을 했어.

그러자 여자는 카일라 신에게 말했지. '당신께서 하신 일은 잘못된 일입니다. 순록은 자꾸 약하고 아파만 갑니다. 우리가 그걸 먹

으면 우리도 약하고 아파질 겁니다.'

카일라 신이 듣고 가라사대, '내가 한 일은 옳도다. 내가 아모락(늑대의 정령)에게 이르리니, 그는 자기 자손에게 일러 아프고 약하고 작은 순록을 먹게 할지니라. 그리하여 땅에는 살지고 건강한 것들이 남으리라.'

이것이 자초지종이지. 그래서 순록과 늑대는 하나라는 거야. 순록이 늑대를 먹여주면, 늑대는 순록을 튼튼하게 해주니까."

나는 이 이야기를 듣고 잠깐 아찔해졌다. 글자도 모르고 배운 적도 없는 에스키모에게서 받은 강연을 어찌 받아들여야 할지 몰랐던 것이다. 게다가 우화 형식으로 자연 선택을 매개로 한 적자생존 이론을 풀이해주기까지 했으니 말이다. 아무튼 나는 우텍이 주장하는 순록과 늑대 사이의 행복한 관계에 대해 회의적이었다. 비록 최근에 내가 직접 겪은 경험 덕분에 늑대에 대해 과학계가 철석같이 갖고 있던 믿음의 실체를 알게 되어 자유롭게 되었지만, 전능하고 영리한 늑대가 순록 떼에 대한 포식 행위를 병들고 허약한 것들을 추려내는 데에만 국한한다는 말을 믿을 수가 없었다. 제일 살지고 싱싱한 것들을 얼마든지 고를 수 있을 텐데 말이다. 더욱이 나는 우텍의 주장을 쳐부술 만한 무기를 갖고 있다고 생각한 것이다.

"그러면 우텍한테 한번 물어봐."

내가 마이크에게 말했다.

"오두막 주변 여기저기와 여기서 북쪽으로 가는 툰드라 지대 몇 마일 사이에 온통 널린 뼈는 뭐냐고. 분명히 크고 건강한 순록의 뼈가 아니냐고."

"물어볼 필요 없어."

마이크가 태연하게 털어놓았다.

"그 순록들 다 내가 잡은 거야. 나한테는 먹여 살려야 되는 개가 열네 마리가 있잖아. 걔네들한테 일주일에 아마 순록 두세 마리는 필요할거야. 나도 먹어야 되고. 또 나는 사냥 지대 어디에 가든 순록을 많이 잡아야 돼. 덫을 한 마리당 네댓 개 놓으면 풀을 뜯으러 올 때 여러 마리를 잡지. 홀쭉한 순록을 쏘면 소용없어. 내가 잡아야 하는 것은 크고 통통한 놈들이지."

나는 쓰러질 듯한 느낌이었다.

"1년에 얼마나 잡은 것 같아?"

내가 물었다.

마이크는 자랑스러운 듯 히죽 웃었다.

"내가 좀 잘 쏘지. 아마 이삼백, 아니면 더 될까."

조금 진정이 되고 난 뒤, 나는 모피 사냥꾼들은 어떻냐고 물어보았다.

"모피 사냥꾼이면 다 똑같아."

그가 말했다.

"인디언하고 백인 모두, 순록이 겨울에 남쪽 멀리까지 내려갈 때 많이 잡아야 돼. 안 그러면 힘들어. 물론 항상 순록을 많이 잡을 수 있게 재수가 좋은 건 아니야. 그러면 개 먹이로 물고기를 줘야 해. 그런데 물고기만 먹으면 개가 힘을 못 써. 약해지고 병들어서 썰매를 잘 못 끌어. 순록이 더 좋아."

나는 오타와에서 문서철을 뒤지다 키웨이틴 순록 떼의 겨울 서식지에 해당하는 서스캐처원, 매니토바, 남부 키웨이틴 지역에 모피 사냥꾼이 1,800명이라는 자료를 본 적이 있다. 또한 이들 사냥꾼들 중 상당수가 오타와에서 시행하는 설문 조사에 응답하는 사람들이란 사실도 알았다. 키웨이틴 순록 떼의 숫자가 급감하는 이유를 설명하는 데 도움이 될 정보를 얻기 위해, 모피 거래 회사의 대행사를 통해 실시하는 조사였다. 나는 그 설문 조사의 결과를 본 적이 있다. 모피 사냥꾼들과 모피 상인들은 모두가 하나같이 순록을 1년에 한두 마리 이상 잡느냐는 질문에 아니다라고 답했다. 그리고 모두 하나같이 늑대들이 순록을 수천은 잡아 죽였다고 답했다.

비록 내가 수학을 잘한 적은 없지만, 가진 정보로 대략 총계를 내보려고 애썼다. 원래부터 낮춰 잡는 편이라 나는 사냥꾼의 숫자를 반으로 줄였다. 그리고 마이크가 1년에 죽인다는 순록 숫자도 반으로 줄였다. 둘을 곱해보았다. 아무리 다시 계산해봐도 숫자는 계속해서 기가 막히게도 112,000이었다. 1년에 이 지역에서 모피 사냥꾼이 죽이는 순록의 숫자였던 것이다.

나는 그 수치가 보고할 만한 성질의 것이 아님을 깨달았다. 갈

라파고스 제도로 배치되어 거북이 진드기나 한 10년 연구할 생각이 아니라면 말이다.

아무튼 마이크와 우텍이 내게 말한 내용은 대체로 전해 들은 이야기일 뿐이었다. 내가 여기까지 파견되어 입수하도록 되어 있는 성질의 증거는 아니었다. 나는 결연히 이 헷갈리게 만드는 발각들을 마음에서 몰아내고, 진실을 발견하는 어려운 방법으로 되돌아가기로 했다.

늑대의 말을 알아듣다

 우텍은 자연학자로서의 유별난 특성을 많이 갖고 있었다. 그 중에서도 희한한 것은 늑대의 언어를 알아듣는 능력이었다.
 우텍을 만나기 전에도 나는 이미 조지와 앤젤린과 앨버트 아저씨가 내는 목소리의 다양성과 범위가, 인간을 제외하고 내가 아는 다른 어느 동물이 가진 능력보다 훨씬 뛰어나다는 점에 주목한 적이 있다. 내 공책에 다음과 같은 소리 분류를 해놓았었다. 길게 짖음, 울부짖음, 목 떨림, 낑낑거림, 툴툴거림, 으르렁거림, 깽깽거림, 컹컹거림. 제대로 묘사하기는 어렵지만, 이 분류 안에서 셀 수 없이 많은 변주가 있다는 사실을 알고 있었다. 나는 또 개과 동물들이 일반적으로 인간이 지각할 수 있는 주파수 범위 이상과 이하의 소리를 듣고 낼 수도 있다는 사실을 알고 있었다. 이른바 시중에서도 구할 수 있는, 조련사들이 쓰는 '소리 없는' 개호루라기가 하나의 적절한 사례가 되겠다. 내가 조사하고 있는 늑대 가족들이 다른 동네 늑대들이 내는 소리에 영리한 방식으로 반응하는 듯했다는 점도 알고 있었다. 비록 이 소리가 단순한 신호 이상의 무엇인지 확실한 증거는 없었지만 말이다.

늑대 언어학에 대한 진짜 교육은 우텍이 나타나면서부터 시작됐다. 우리 둘은 몇 시간 동안 늑대 굴을 관찰했다. 특별히 주목할 만한 것은 없었다. 쥐 죽은 듯 조용한 날이었다. 파리 떼가 아주 귀찮을 정도가 되자 앤젤린과 꼬마들은 굴 속으로 피해 들어갔다. 두 수컷은 훤한 아침까지 계속된 사냥에 지쳐 근처에서 자고 있었다. 나도 지루해지면서 졸리기 시작했는데, 우텍이 갑자기 손을 오므려 귀에 대더니 가만히 듣기 시작했다.

나는 아무 소리도 들을 수 없었다. 나는 그가 다음과 같이 말할 때까지 무엇이 그의 주의를 끌었는지 전혀 알 수 없었다.

"들어봐. 늑대들이 말을 하고 있어!"

그리고는 북쪽으로 5마일 가량 떨어진 낮은 산맥 쪽을 가리켰다. (우텍과 알고 지내던 두 해에 걸친 시간 동안 그의 영어 실력은 상당히 향상되었고, 나도 에스키모 언어를 꽤 많이 배웠다. 그래서 우리는 자유롭게 대화할 수 있었다. 그러므로 다소 이해하기 힘들었던 초기의 대화들은 독자들이 더 알기 쉬운 형식으로 바꾸어놓았다.) 나는 귀를 기울여 보았다. 그러나 늑대가 그런 산에서 방송을 하고 있는 것이라면 그 소리는 나에게 미치지 않는 파장이었다. 내 귀에는 모기가 기분 나쁘게 윙윙거리는 소리밖에 들리는 것이 없었다. 그런데 에스커 꼭대기에서 자고 있던 조지가 갑자기 일어나 귀를 앞쪽으로 쫑긋 세우더니, 긴 주둥이를 북쪽으로 들이댔다. 1, 2분이 지나고 나서 고개를 돌리더니 길게 짖기 시작했다. 내 귀가 포착한 바에 따르면 저음으로 시작해서 최고조로 끝나는 길게 진동하는 소리였다.

우텍은 내 팔을 잡더니 기쁨에 차서 빙그레 미소를 지었다.

"순록이 오고 있어. 늑대가 하는 말이야!"

당시에 그 말의 요지는 알 수 있었지만 그 이상은 아니었다. 정확히 무슨 이야기인지 다 알게 된 것은 오두막으로 돌아가 마이크가 다시 통역을 해준 다음이었다.

우텍의 말에 따르면 북쪽 인근 영토에 사는 늑대 하나가 우리 늑대들에게 오래 기다려온 순록 떼가 남쪽으로 이동하기 시작했다고 알려주었다는 것이다. 뿐만 아니라 그들이 지금 어디쯤 있는지도 알려줬다는 것이다. 이야기를 더 그럴듯하지 않게 만든 것은 이 늑대가 순록을 직접 본 것은 아니었다는 점이다. 단지 더 멀리 있는 늑대에게서 받은 소식을 전달해줄 뿐이었다는 것이다. 조지는 이 소식을 듣고 알아차린 다음, 이번에는 자기가 이 좋은 소식을 이어서 전달했다.

나는 본래부터 쉽게 믿지 않는 편이었고, 또 그렇게 교육받은 사람이었다. 그래서 이렇게 환상적으로 꾸민 이야기로 나에게 인상을 심어주려는 우텍의 순박함을 보며 즐거움을 감출 수가 없었다.

그런데 내가 의심이 많은 편이었다 하더라도 마이크는 그렇지 않았다. 두 말 없이 그는 사냥 여행을 떠나기 위해 짐을 꾸렸다.

순록을 죽이기 위해 안달이 나 있는 그를 보고 놀라지는 않았다. 그도 불모지대의 다른 모든 인간과 마찬가지로 순록을 구할 수 있을 때에는 거의 순록만 먹고 사는 육식자임을 알았기 때문이다. 그러나 우텍이 말한 것 같은 얼토당토않은 증거만 믿고 툰드라 지대 너머로 2~3일 걸리는 원정을 떠난다는 것은 참으로 놀라운 일이었다. 내가 그렇게 말하자, 마이크는 뚱해지더니 아무 말 없이 떠나버렸다.

3일 후 다시 만났을 때 그는 순록 뒷다리 고기 한 덩어리와 혀 고기 한 냄비를 내놓았다. 그는 또 내게 말하길 우텍이 늑대의 메시지를 해석하여 말해준 바로 그곳에서 순록을 발견했노라고 했다. 오두막에서 북동쪽으로 40마일 정도 떨어진 쿠이악이라는 호수의 기슭이라고 말이다.

나는 이 일은 틀림없이 우연의 일치일 뿐이라고 생각했다. 그러나 마이크가 어디까지 나를 놀릴 수 있는지 궁금하기도 하여, 나는 대화를 가장해서 우텍의 초인적인 능력에 대해 더 말해달라고 부탁했다. 마이크는 기꺼이 응했다. 그는 늑대가 아주 먼 거리까지 소통할 능력을 가지고 있다고 설명했다. 뿐더러 우리만큼 잘 '말할' 수도 있다고 주장했다. 자신은 늑대들이 말하는 소리를 다 들을 수도 없고 이해할 수도 없다고 인정했다. 그러나 에스키모는, 특히 우텍

같은 사람은 아주 잘 듣고 이해할 수 있어서 늑대와 사실상 대화를 나눌 수 있다는 것이었다.

나는 이 정보에 대해 잠시 궁리해보다가, 이 친구들이 그때부터 해주는 이야기는 어떤 것이든 엄청난 의문부호를 달아놓아야 하리라는 결론을 내렸다.

그러나 정말 무언가가 있을지도 모른다는 좀스러운 생각이 계속 맴돌아, 마이크에게 부탁을 한 가지 했다. 즉 우텍에게 말해서 우리 늑대들이 앞으로 무슨 말을 하는지 잘 들어두었다가, 마이크를 통해서 나에게 알려달라고 말이다.

다음 날 아침 굴에 도착해보니 수컷 두 마리 다 흔적이 없었다. 앤젤린과 꼬마들은 일어나서 다니고 있었는데, 앤젤린은 어딘가 불편해 보였다. 그녀는 계속해서 굴이 있는 등성이의 꼭대기까지 올라가서 몇 분간 무언가에 귀를 기울이는 듯 서 있다가 다시 꼬마들에게 돌아오곤 했다. 시간은 흘렀고 조지와 앨버트 아저씨는 돌아올 시간이 상당히 많이 지나 있었다. 그러다 그녀가 꼭대기에 올라간 지 다섯 번 만에 앤젤린은 무슨 소린가를 들은 것 같았다. 우텍도 마찬가지였다. 한 번 더 그는 무대에서 공연하는 배우처럼 양쪽 귀에 손을 대고 컵 모양을 만들었다. 한동안 듣더니 그는 무슨 일이 벌어지고 있는지 설명하려고 하기 시작했다. 아아, 그러나 우리는 아직까지는 충분히 서로 통하지 않을 때였다. 그리고 이번에는 그가 하는 말의 요지를 전혀 종잡을 수 없었다.

나는 평상시의 관찰로 되돌아갔고 우텍은 잠을 자러 텐트에 기어 들어갔다. 나는 조지와 앨버트 아저씨가 눈에 띄게 지쳐서 낮 12시 17분에 돌아왔다고 기록했다. 낮 2시쯤 우텍이 일어나 차를 한 주전자 우려내주며 근무 태만을 보상했다.

마이크를 다음번에 만났을 때 나는 그와 한 약속을 상기시켰다. 그랬더니 그는 우텍에게 캐묻기 시작했다.

"어제 말이야."

마이크가 말했다.

"우텍이 그러는데 네가 조지라고 부르는 늑대가 자기 짝에게 신호를 보냈대. 우텍이 잘 들었어. 그가 아내에게 한 말이 사냥이 별로여서 더 있어야겠다고 했대. 아마 대낮이나 돼서야 집에 올 수 있을 거라고."

내 기억에 우텍은 수컷 늑대들이 언제 집으로 돌아왔는지 알 수가 없었다. 그는 텐트 '안에서' 곯아떨어져 있었으니까. 그리고 12시 17분이면 어떤 실용적인 목적으로 봐도 하루 중 대낮에 충분히 가까운 시간이었다.

그렇게 우텍이 늑대의 말을 알아듣는다는 증거가 확실했는데도 이틀이나 더 나에게는 회의론이 지배적이었다. 오후가 되어 조지가 다시 등성이 꼭대기에 나타나 북녘으로 귀를 바짝 세웠을 때까지는 말이다. 만일 그가 들은 것이 있다면 그것이 무엇이든 간에 이번에는 별로 그의 관심을 끌지 못한 것 같았다. 짖지도 않고 굴로 내려가서 앤젤린과 함께 코를 킁킁거렸다.

반면에 우텍은 확실히 흥미가 돌았다. 신바람이 나서 얼굴이 훤해졌다. 그는 나를 꽉 붙잡더니 빠르게 뭐라고 말했는데, 내가 들을 수 있는 말은 몇 단어가 되지 않았다. 나를 이해시키기 위해 열심히 노력하는 동안 이누이트(에스키모)와 키야이(온다)가 몇 번 반복되고 있었다. 내가 여전히 난해한 표정을 짓고 있자 그는 분통이 터진다는 듯 힐끗 쳐다보더니, 자리를 뜬다는 인사 한마디 없이 나가서 툰드라 지대를 건너 마이크의 오두막에서 북서쪽에 해당하는 방향으로 나아갔다.

거만하게 떠나는 그의 태도에 약간 불쾌해졌지만 나는 곧 잊어버렸다. 늦은 오후가 되어 수컷들이 밤 사냥을 떠날 시간이 다가오면서 늑대들이 모두 차분하지 못한 분위기였기 때문이다.

이런 출근 준비에는 분명한 의식이 있었다. 보통 조지가 굴을 방문하면서 시작한다. 앤젤린과 꼬마들이 안에 있으면, 그가 찾아갈 때 모두 밖으로 나왔다. 이미 밖에 있을 때는 앤젤린의 행동이 집안 살림의 따분함에서 신바람으로 뒤바뀌었다. 장난하듯 뛰어다니다가 조지 앞에서 풀쩍 뛰어오르고, 어깨로 밀어붙이다가 앞다리로 끌어안았다. 조지는 이런 장난을 하는 순간에 가장 상냥해 보였고, 가끔은 자기 짝과 싸우는 시늉을 함께하는 반응을 보였다. 내가 앉은자리에서 보기에는 이런 장난이 좀 심해 보였지만, 두 늑대의 꼬리가 일정하게 흔들리는 모양을 보면 모두 좋은 뜻이라는 사실을 알 수 있었다.

장난하는 소리를 듣고 곧장 달려온 앨버트 아저씨는 장난을 함께하기도 했다. 그는 흔히 굴로부터 얼마 떨어진 곳에서 낮 시간의 잠을 청하기도 했다. 아마도 너무 잦은 간격으로 베이비시터 역할을 강요당할 가능성을 줄이기 위해서였으리라.

그가 도착하면 어른 늑대 셋이 모두 원을 그리며 서서, 냄새를 맡고 꼬리를 열심히 흔들며, 큰소리로 떠들었다. '떠들었다' 라는 말은 그다지 묘사적인 표현은 아니다. 그렇지만 그것이 내가 할 수 있는 최선의 표현이다. 나는 큰소리 이상으로 더 자세하게 무언가를 듣기에는 너무나 멀리 떨어져 있었다. 그리고 그 소리는 다른 무엇보다도 더 툴툴거리는 소리 같았다. 내게 그 의미는 모호한 것이었지만 전체적으로 선의와 기대와 활기의 감정인 것은 분명했다.

어디서건 20분에서 한 시간이 걸리는 연회가(여기서 꼬마들도 한몫을 하는데, 어른들의 발 밑에 들어가 어른 꼬리면 닥치는 대로 물었다) 끝나면 세 어른들은 모두 굴 위로 자리를 옮겼다. 보통은 앤젤린이 앞서 갔다. 그들은 한 번 더 원을 만들어 몇 분 동안 '노래' 를 불렀다.

이것은 그들에게 하루 중 흥겨운 한때였다. 그것은 또한 나에게도 흥겨운 순간이었다. 처음 몇 번은 늑대들이 노래를 불렀을 때 묵은 공포로 등골이 오싹해졌다. 그러니 나로선 그들의 합창을 진짜 즐겼다고 말할 수가 없다. 그러나 시간이 충분히 지난 뒤에 나는 합창을 즐길 뿐만 아니라 상당한 관심을 가지고 기대하게 되었다. 그렇다고는 하지만 그것을 묘사하기는 거의 불가능하다. 내가 구사할 수 있는 용어들이란 인간의 음악에 상응하는 것뿐인데, 그런 것들은 사실 오도하지는 않는다 하더라도 부적절하기 때문이다. 최선의 방법은 함께 온 힘을 다해 부르는 이 열창이 나를 감동시켰다고 말하는 것이다. 범인(凡人)의 격을 초월한 사람이 연주하는 오르간이 내는 가슴을 울리는 진동과, 천둥소리를 듣고 내가 이따금 감동받는 것처럼 말이다.

이런 감동은 짧아서 끝날 때면 늘 아쉬웠다. 3~4분이 지나면 끝이 났고 원이 풀렸다. 한 번 더 꼬리를 많이 흔들고, 냄새를 맡으며, 온정과 흡족한 마음이 가득한 모습을 볼 수 있었다. 그러고 나면 앤젤린은 마지못해서 굴 쪽으로 가곤 했다. 흔히 뒤돌아서서 조지와 앨버트가 사냥길을 따라 바삐 가는 모습을 지켜봤다. 그녀가 그들을 따라가고 싶어하는 마음이 있음은 확실했다. 그러나 결국 그녀는 꼬마들에게로 가야 했다. 그리고는 저녁식사 시중이든 놀이든 또다시 녀석들의 넘쳐흐르는 요구를 들어주어야 했다.

그런데 이 날에는 수컷들이 여느 때와는 달리 갑자기 일탈을 보였다. 북쪽 아니면 북동쪽으로 난 길 대신에 동쪽으로 방향을 틀었던 것이다. 마이크의 오두막과 내가 있는 곳하고는 반대 방향이었다.

어떤 인간의 소리가 나를 돌아보게 만들 때까지 나는 이 변화에 대해 더 이상 생각하지 않고 있었다. 우텍이 돌아온 것이다. 그러나 그는 혼자가 아니었다. 그와 함께 수줍어하는 친구 셋이 있었다. 모두 싱긋 웃고 있었으며, 늑대에 관심이 많은 이상한 카블루낙(백인)을 처음 만나서 수줍어하고 있었다.

한 무리가 도착하고 나니 그날 밤 더 이상 관찰을 한다는 것은 비생산적인 일 같았다. 그래서 나도 에스키모와 함께 오두막으로 가는 길에 합류했다. 마이크도 집에 있었는데, 새로 온 사람들을 오랜 친구들처럼 반갑게 맞았다. 마침내 나는 그에게 몇 가지 물어볼 기회를 잡았다.

"그래."

그가 말했다.

"우텍은 이 사람들이 오고 있고 또 금방 도착한다는 걸 진짜 알았다구."

"어떻게 알았지?"

"어리석은 질문이야. 그는 '파이브 마일 힐스' 위에 있는 늑대가 자기 땅을 지나가는 에스키모가 있다고 전달하는 소리를 들었으니까. 우텍이 너에게 그 이야기를 하려고 했어. 그런데 네가 못 알아들으니까, 할 수 없이 자기 친구들을 만나서 인사하려고 혼자 간 거야."

일이 그렇게 되었던 것이다.

꼬마들, 어디로 가는 걸까?

 6월 셋째 주 동안 앤젤린은 점점 불안정한 기미를 보이기 시작했다. 굴을 지키며 지내는 지나치게 가정적인 생활이 물리기 시작했다는 인상이 확연했다. 저녁에 조지와 앨버트가 사냥을 떠날 때면 그녀는 그들이 가는 길의 시작 부분을 즐겨 배웅했다. 처음에는 굴에서부터 100야드 이상을 가지 않았다. 그러다 이따금 4분의 1마일을 가다가 힘없이 돌아오곤 했다.
 조지는 그녀의 기분이 변하자 아주 기뻐하는 모습이 역력했다. 그는 몇 주 동안 그녀를 설득해서 밤새 툰드라 지대를 건너 다니는 일을 함께하자고 하던 차였다. 한번은 출발을 한 시간씩이나 늦춰가며 짝을 설득해 함께 가려고 했다. 앨버트가 참다 못해 혼자 먼저 떠난 지 한참 뒤였다.
 그 시간 동안 조지는 전망대에서 앤젤린이 꼬마들 사이에 누워 있는 놀이동산까지 여덟 차례를 오르내렸다. 매번 그는 기분 좋게 그녀에게 코를 갖다 대며 꼬리를 맹렬하게 흔들다가, 따라오라는 듯 사냥길을 떠나는 시늉을 했다. 그리고 매번 그녀가 마다하자, 전망대로 돌아가 시무룩하게 몇 분을 앉아 있다가 다시 시도하곤 했다. 결국 혼자 떠날 때의 모습은 실망과 낙담 그대로였다. 머리와 꼬리를 모두 낮게 드리우고는 슬금슬금 눈치를 보며 떠나갔다.

밤 시간을 함께 나가서 보내고픈 마음은 분명 둘 다의 것이었지만, 꼬마들을 돌보는 일이 앤젤린에게는 최우선이었다. 비록 녀석들이 클 만큼 커서 관심을 덜 쏟아도 될 법했지만 앤젤린은 집을 비우지 않았다.

6월 23일 저녁 나는 텐트에 혼자 있었다. 우텍은 자기 볼일이 따로 있어서 며칠 자리를 비웠다. 늑대들이 사냥에 앞선 의식에서 행하는 합창을 위해 몰려들 때였다. 이번에 앤젤린은 자신의 한계를 뛰어넘어, 목소리를 한없이 높여 아무런 구속 없이 갈망의 찬가를 불렀다. 나는 할 수만 있다면 그녀가 조지와 나가 있는 동안 자원해서 꼬마들을 돌봐주고 싶은 마음이었다. 물론 내가 신경 쓸 문제는 아니었으리라. 앨버트 아저씨가 그녀의 마음을 알아차리거나, 아니면 더 직접적인 의사를 전달받았는지도 모른다. 노래가 끝났을 때 앤젤린과 조지가 경쾌하게 함께 걸어나갔기 때문이다. 대신 앨버트는 시무룩해져서 어슬렁거리다 굴로 내려가더니, 꼬마들의 밤샘 포위 공격이 예상되는 곳에 자리를 잡았다.

몇 시간 후 비바람이 휘몰아치기 시작하여 나는 관찰을 그만두어야 했다. 다음 날 아침 비가 그치고 안개가 걷혀 관찰을 다시 시작할 수 있게 됐을 때, 늑대는 한 마리도 보이지 않았다. 그러다 9시가 채 안 돼 조지와 앨버트 아저씨가 에스커 정상에 나타났다.

둘 다 신경 과민 아니면 적어도 불안한 상태였다. 한참을 불안정하게 서성이고, 코를 디밀고, 잠시 부동 자세로 서서 주변을 골똘히 노려보더니 흩어졌다. 조지는 에스커 최정상으로 올라가 잘 보이는 곳에 앉더니 동쪽과 남쪽 지역을 뚫어져라 쳐다보기 시작했다. 앨버트 아저씨는 북쪽 등성이를 따라 걸어나가더니 바위 둔덕에 드러누워서 서쪽 평원 너머를 바라보았다.

아직 앤젤린의 자취가 보이지 않았다. 이것이 수컷들의 유별난 행동과 더불어 나까지 불안하게 만들었다. 앤젤린에게 무슨 일이 일어났을지도 모른다는 섬뜩한 생각이 가슴 아프게 밀려왔다. 내가 그녀를 얼마나 좋아하게 되었는지를 그때껏 미처 깨닫지 못하고 있었다. 그러다 그녀가 사라져버린 것 같아 보이자 나는 지독히도 그녀 걱정을 하기 시작했다.

나는 거의 내 텐트를 떠나 등성이를 올라가서 직접 그녀를 찾아보려고까지 할 지경이었다. 그런데 갑자기 그녀가 나타났다. 망원경을 통해 마지막으로 한 번 슬쩍 보려는데 그녀가 굴에서 불쑥 나오는 것이었다. 입에 무언가를 물고 에스커 위를 힘차게 달리기 시작했다. 한동안 나는 그녀가 물고 있는 것이 무엇인지 알아볼 수 없었다. 그러다 깜짝 놀라서 보니 그것은 꼬마들 중 하나였다.

그녀는 녀석들의 무게에도 불구하고(10~15파운드는 거뜬히 나갔을 것이다) 더뎌지는 법 없이, 에스커 비탈을 비스듬히 재빨리 걸어 올라가 작은 가문비나무가 서 있는 곳으로 사라졌다. 15분이 지나서 다른 녀석을 데리러 굴로 돌아왔고, 10시가 되어 마지막 녀석까지 다 옮겨버렸다.

마지막 운반을 하러 간 동안 두 수컷은 경계 근무를 마치고서(분명히 운반 작업을 망보고 있었던 것이다) 그녀를 따라가버리는 바람에, 나는 텅 빈 풍경을 멍하니 바라볼 뿐이었다. 나는 몹시 혼란스러웠다. 이 대탈출에 대해 내가 할 수 있는 유일한 설명은, 어쨌든 내가 늑대들을 너무 많이 귀찮게 해서 그들이 자기 굴을 떠나지 않을 수 없게 만들었다는 것이었다. 이것이 정말 사실일 경우, 내가 그들을 따라간다면 사태가 더 악화될 뿐일 터라고 생각했다. 그래서 달리 더 할 일이 떠오르지 않아 서둘러 오두막으로 돌아가 우텍에게 물어보기로 했다.

이 에스키모는 금세 내 두려움을 가라앉혀 주었다. 그가 설명하길 새끼들을 이동시키는 것은 늑대 가족이 매년 이맘때 예사로 하는 일이라는 것이었다. 몇 가지 이유가 있다고 했다. 제일 먼저 새끼들이 막 젖을 뗐으며 굴 근처에 물이 없기 때문에, 엄마의 젖꼭지 말고 녀석들의 갈증을 해소해줄 곳으로 데려갈 필요가 있었다는 것이다. 두번째로 꼬마들이 굴에 비해서 너무 커져서 거의 살 수가 없게 되어버렸다는 점이다. 셋째는 아마도 가장 중요한 사실로서, 꼬마들이 유아기를 떠나서 교육을 받을 시기가 왔다는 것이다.

"아이들이 땅속 작은 굴에 살기에는 너무 자랐어. 하지만 부모를 따라다니기에는 너무 어리지."

우텍이 설명한 것을 마이크가 통역했다.

"그래서 어른 늑대들이 새 집으로 꼬마들을 데리고 간 거야. 움직이기도 좋고 세상도 배울 만한 공간이 되는 곳으로. 물론 이번에도 안전한 곳이겠지."

공교롭게도 늑대들이 이사 간 새 '여름 굴'의 위치는 우텍과 마이크 모두 익숙한 곳이라 다음 날 우리는 관측 텐트를 굴이 약간 내려다보이는 곳으로 옮겼다.

꼬마들의 새 집은 옛날 집에서 반 마일 떨어진, 좁고 바닥 평평한 골짜기에 있었다. 서릿발 작용(Frost action: 동결 작용이라고도 한다. 물이 반복해서 얼고 녹음으로써 일어나는 기계적 풍화 작용으로, 이 작용에 의해서 바위가 깨어지기도 한다. -옮긴이)에 의해 절벽에서 쪼개져 나온 거대한 표석으로 가득 찬 곳이었다. 조그만 개울이 흘러 지나가고 있었다. 들쥐가 가득하고 풀이 우거진 습지의 일부를 둘러싸고 있기도 했다. 꼬마들이 사냥의 원리를 배우기에는 이상적인 곳이었다. 골짜기로 드나들려면 가파른 오르막을 거쳐야 했기 때문에 어린 녀석들에게는 엄두가 나지 않는 높이였다. 그러므로 녀석들이 새 집 주변에만 머물며 다른 곳으로 벗어나지 않기에도 좋았다. 그리고 녀석들은 지역에서 몇 안 되는 비교적 큰 다른 육식동물(여우와 매)을 만나도 자신을 지킬 수 있을 만큼은 커 있어서 무서울 것이 없었다.

나는 밀착 감시를 다시 시작하기 전에 늑대들이 이사한 여름 굴에 자리를 잡을 시간을 주기로 했다. 그래서 다음 날 밤은 오두막에서 그간 밀린 기록을 했다.

그날 저녁 우텍은 내 정보 밑천에 새로운 항목 몇 가지를 추가해주었다. 흥미로운 것 중 하나는 늑대가 개보다 오래 산다는 사실이었다. 그가 개인적으로 알고 있던 늑대들 중 적어도 열여섯 살은 되는 이들이 있었다. 우텍의 아버지가 잘 알았던 카잔 강 근처에 사는 어느 늑대 가장은 사라지기 전까지 분명히 스무 살이 넘었다고 했다.

그는 또 늑대가 자식들에게 갖는 전반적인 시각이 에스키모가 자기 아이들에게 갖는 것과 같다고 이야기했다. 즉 실제 아버지가 누구인지는 크게 중요하지 않아서 우리 식으로 하자면 고아가 없다고 했다.

몇 년 전 우텍이 살던 캠프에서 1~2마일도 안 되는 곳에서 가족을 부양하며 살고 있던 어느 암컷 늑대가, 카누를 타고 일대를 지나가던 백인에 의해 사살된 일이 있었다. 스스로가 늑대와 신비한 종족 관계라고 생각하는 우텍은 이 사건 때문에 상당히 기분이 상했다. 당시 에스키모 캠프에는 새끼를 둔 허스키 암컷이 하나 있어서, 그는 늑대 새끼들을 데리고 와서 허스키와 함께 지내도록 하려고 했다. 그런데 우텍의 아버지는 그럴 필요가 없을 거라며 우텍을 말렸다. 늑대들이 자기 방식대로 문제를 해결할 것이라고 말이다.

비록 아버지가 위대한 무당이며 진실을 말한다는 사실을 알고 있었지만, 우텍은 전적으로 확신할 수 없었기에 직접 굴을 살펴보기로 했다. 그가 숨어서 관찰한 지 몇 시간 후 처음 보는 늑대 하나가 홀아비가 된 수컷과 함께 나타나 굴로 들어갔다. 그들은 나올 때 새끼 한 마리씩을 들고 있었다.

우텍은 몇 마일을 따라가다가 그들이 다른 굴로 가고 있다는 사실을 알게 되었다. 그 자리는 그도 알고 있는 곳이었다. 지름길로 빨리 내달아간 그는 그 늑대 굴에 둘보다 먼저 닿을 수 있었다.

모두 도착하자 굴의 주인이며 자기 새끼도 따로 두었던 암컷은 굴 입구로 가더니, 두 마리 새끼들의 목덜미를 차례로 물고서 굴 안으로 들어갔다. 그리고서 두 어른 늑대들은 다른 녀석 둘을 더 데리러 떠났다.

이사가 끝나고 보니 이 굴에는 새끼가 열 마리가 되었다. 우텍이 보기에 모두 같은 크기에 또래였던 녀석들은 상처(喪妻)한 수컷을 포함한 여러 어른들로부터 똑같은 보살핌과 애정을 받았다.

가슴 뭉클한 이야기였다. 그러나 몇 년이 지나서 엄마 없는 새끼들의 입양에 대해 거의 같은 사례를 듣기까지, 나는 그 이야기를 제대로 믿지 않았던 것 같다. 이때는 정보원이 상당히 명성 있는 백인 자연학자였기에 그의 말을 거의 의심할 수가 없었다. 생각해 보면 대체 왜 그의 말이 우텍의 말보다 더 무게가 나갔는지 설명하기가 난처하다. 우텍은 사실상 영적으로는 거의 늑대 자체인데 말이다.

나는 이 기회에 늑대가 가끔 사람의 아이를 길러주기도 한다는 유서 깊은 믿음에 대해 들어본 적이 있는지 물어보았다. 그는 내 말을 유머로 받아들이고 미소를 지었다. 그가 한 대답의 요지는 그것이 그럴듯한 상상이긴 하지만 믿을 만한 것은 못 된다는 것이었다. 나는 그가 늑대 소년을 사실로 받아들이기를 정중하게 거절하는 모습을 보고 자못 당황스러웠다. 그런데다 그가 더 설명을 하자 나는 완전히 침착을 잃고 말았다.

늑대 굴에 들어간 사람의 아기는 죽을 것이라고 그는 말했다. 늑대가 그러기를 바래서가 아니라, 단지 타고난 한계 때문에 사람의 아기가 늑대로 사는 것은 불가능하다고 했다. 대신 인간 여성이 늑대 새끼를 건강하게 키우는 일은 전적으로 가능하다고 했다. 그리고 이런 경우는 허스키 암컷마저 없을 때 에스키모 캠프에서 자주 있는 일이라고 했다. 더욱이 그는 자기 아기를 잃고서 젖이 가득한 인간 여성이 허스키 새끼가 없을 경우에 늑대 새끼를 데려다 키운 사례를 적어도 둘은 알고 있었다.

앨버트 아저씨, 사랑에 빠지다

 여름 굴의 새 보금자리는 늑대의 입장에서 이상적인 곳이었다. 대신 내 입장에서는 그렇지가 못했다. 표석이 어지럽게 흩어져 있어 무슨 일이 벌어지고 있는지 보기 어려웠기 때문이다. 게다가 순록이 드문드문 북녘에서 이 일대로 돌아오고 있었고, 사냥의 즐거움은 세 어른 늑대들에게 사이렌 신호 같았던 것이다. 그들은 하루하루를 여전히 여름 굴이나 그 주변에서 보내고 있었다. 그러나 보통은 밤 소풍에 하도 지쳐서 잠자는 일 외에는 하는 일이 적었다.
 시간이 두 손바닥 위에 무겁게 드리워진 느낌이 들던 차에 앨버트 아저씨가 사랑에 빠지면서 나를 무료함에서 해방시켜주었다.
 내가 처음 오두막에 도착한 지 얼마 되지 않아 마이크가 갑자기 떠났을 당시, 그는 개를 모두 데리고 갔었다. 그것은 내가 추정한 대로 해부용 칼이 죽 늘어서 있는 모습을 보고 자기 개들이 무사하지 못할 것이라고 걱정이 되어서 한 일이 아니었다. 순록이 다 떠나서 먹이가 없어서였기 때문이었다. 6월 내내 그의 팀은 에스키모들과 함께 있었다. 그들의 캠프는 순록의 여름 서식지 안에 있었던 것이다. 그러다 순록들이 남쪽으로 돌아오는 길이라, 그는 개들을 다시 데리고 왔다.

마이크의 개들은 토종이었으며 체격이 당당한 짐승이었다. 또 하나의 신화와는 반대로, 에스키모 개는 반가축화된 늑대가 아니었다. 비록 두 종이 모두 같은 뿌리에서 갈라져 나왔다고 하더라도 말이다. 몸집은 늑대보다 작았지만 순종 허스키는 아주 체격이 건장했다. 딱 벌어진 가슴과 짧은 목, 그리고 깃털 장식처럼 둔부 위로 말려 올라간 팁수룩한 꼬리를 하고 있었다. 그들은 다른 면에서도 늑대와 달랐다. 계통이 대체로 비슷함에도 불구하고, 허스키 암컷은 계절을 비웃기라도 하듯 연중 아무 때고 발정기에 들었다.

마이크의 팀이 오두막으로 돌아왔을 때, 암컷 하나가 막 발정기에 들었다. 본래 피가 뜨거우며 밝히는 성향이 있던 이 암컷은 나머지 팀원들을 모두 야단이 나게 만들어서 언제나 마이크의 골칫거리였다. 내게 어떤 영감이 떠올랐을 때에도 그는 그 문제에 대해 푸념하고 있었다.

늑대들의 절제력 있는 습성 때문에 나의 늑대 연구는 아직 성생활에 대해서 내놓을 것이 전혀 없었다. 그러니 그들이 순록 떼와 함께 돌아다니는 3월에 있는 짧은 짝짓기 기간 동안 함께 따라다닐 준비가 되어 있지 않다면, 늑대에 대한 내 지식의 이 중대한 간극을 메울 가망이 없었던 것이다.

마이크와 우텍에게 듣고서 늑대와 다른 종과의 짝짓기가 없는 것은 아니라는 사실을 알게 되었다. 사실 늑대들은 기회가 닿기만 하면 개와 짝짓기를(반대도 마찬가지) 하는 편이었다. 그것이 자주 일어나지 않는 이유는, 개들은 일할 때만 빼놓고 거의 항상 다른 짝짓기에 바빴기 때문이다. 그렇지만 어쨌든 그런 일이 일어나기는 했다.

마이크에게 제안을 하니, 기쁘게도 그는 받아들였다. 사실 그는 꽤 기대하는 듯했다. 그는 자신의 허스키와 늑대의 이종교배로 어떤 종류의 썰매개가 탄생할지 오래 전부터 알고 싶어한 것 같았다.

그 다음 문제는 어떻게 하면 내 연구에 최대한 도움이 되도록 이 실험을 준비하느냐였다. 나는 이 일을 단계별로 하기로 했다. 처음 단계는 쿠아라는 허스키 암컷을 데려다가 나의 새 관측소 근처에서 함께 산책을 하는 것이었다. 늑대들에게 그녀의 존재와 자태를 알리기 위한 것이었다.

쿠아는 상당히 적극적이었다. 사실 늑대가 다니는 길 하나를 지나갈 때 그녀가 너무도 열광적이어서, 내가 할 수 있는 일이란 개 사슬을 힘껏게 잡아당겨 그녀의 성급함을 제지하는 것뿐이었다. 뒤에 있는 나를 끌고 가면서 그녀는 길을 따라 돌진했다. 속박 없이 기대감에 차서 모든 위치 표시를 킁킁거리며 말이다.

그녀를 오두막으로 다시 끌고 가기는 아주 힘든 일이었다. 가서 단단히 묶어두었더니 밤새 목 놓아 울며 좌절된 심정을 표시했다.

아니면 그녀를 소리지르게 만든 것이 좌절이 아니었는지도 모른다. 다음 날 아침에 일어났더니 우텍이 일러주길 우리를 찾아온 방문객이 있었다는 것이다. 커다란 늑대의 발자국 여럿이 개 줄이 있는 곳에서 얼마 떨어지지 않은 강둑의 젖은 모래 위에 뚜렷이 나 있었다. 한편 그것은 또한 그날 밤의 사랑이 완성되지 못하도록 훼방을 놓은 허스키 수컷이 보여준 질투일 뿐이었을 수도 있다.

나는 그다지 결론을 빨리 내릴 준비가 안 된 상태였다. 조지나 앨버트가 그날 밤 쿠아가 남긴 매혹적이고 향기 가득한 연애편지를 분명히 발견할 것이라고 내다보았어야 했으면서도 말이다.

이제 내 계획의 2단계를 서둘러 실행에 옮겨야 할 때가 되었다. 우텍과 나는 관측 텐트로 갔다. 그리고 우리는 텐트에서 여름 굴 방향으로 100야드 정도 떨어진 곳에서, 서로 50피트 가량 떨어진 두 바위 사이에 굵은 철사를 쳤다.

다음 날 아침 우리는 쿠아를 끌고(더 제대로 말하자면 쿠아에게 끌려) 현장으로 갔다. 직접 늑대를 찾으러 가겠다고 단단히 마음먹고 덤벼드는 그녀를 겨우 (쇠사슬로) 철사에 붙들어 맸다. 이렇게 준비한 덕분에 그녀는 상당한 행동의 자유를 유지할 수 있었다. 그리고 만일 잘못되는 일이 있으면 우리는 텐트에서 라이플총을 발사해서라도 그녀의 위치를 통제할 수 있었다.

자못 놀랍게도 그녀는 금세 조용해지더니 오후 시간 대부분을 잠을 자며 보냈다. 여름 굴 근처에 어른 늑대들은 눈에 띄지 않았다. 대신 조그만 풀밭에서 쥐를 잡느라 뛰고 달려들며 쿵쾅거리고 있는 꼬마들은 이따금씩 볼 수 있었다.

저녁 8시 30분경 늑대들은 갑자기 예비 사냥 찬가를 시작했다. 비록 굴 남쪽에 있는 바위 등성이 때문에 여전히 보이지는 않았지만 말이다.

처음에는 그 소리가 거의 들리지 않았다. 쿠아가 벌떡 일어나서 함께 노래를 불렀기 때문이다. 그리고 그 길게 뽑는 소리란! 내가 아는 바로 내 혈관 속에 개나 늑대의 피가 흐르고 있는 것은 아니었지만, 쿠아의 사이렌(Siren: 그리스 신화에 나오는 반은 여자이고 반은 새인 요정으로서, 아름다운 노랫소리로 지나가는 뱃사공을 꾀어 죽였다고 한다. -옮긴이) 노래가 갖고 있는 유혹적인 성격은 나로 하여금 흘러간 나날과 그 날들의 기쁨을 그립게 떠올리도록 하기에는 충분했다.

그녀가 느끼는 슬픔의 고통을 늑대들이 이해했다고 짐작한 것은 오래지 않아 의심스러워졌다. 노래는 한창 흥이 오르다 갑자기 멈춰버렸다. 몇 초 뒤에 셋 모두 등성이 정상을 넘어서서 우리가 볼 수 있는 곳까지 달려왔다. 쿠아는 4분의 1마일 정도 떨어져 있었지만 그들은 분명히 쿠아를 볼 수 있었다. 아주 잠깐만 머뭇거린 뒤, 조지와 앨버트 둘이 모두 전속력으로 그녀에게 돌진하기 시작했다.

조지는 멀리 가지 못했다. 50야드도 채 못 가서 앤젤린이 그를 따라잡은 것이다. 확실히 장담하는 바는 아니지만, 나는 분명히 그녀가 그를 비난하고 있다는 인상을 받았다. 어쨌든 그는 소택지에 큰 대자로 드러눕더니, 일어났을 때에는 쿠아에 대한 관심이 다 가신 듯했다. 공정한 평가를 내리자면, 나는 그가 그녀에 대해 성적인 관심을 가졌다고는 생각하지 않는다. 아마 자기 영역에 들어온 이상한 침입자를 조사하기 위해 단지 먼저 나섰다고만 생각할 뿐이다. 여하튼 그와 앤젤린은 여름 굴로 되돌아가서 골짜기 입구에 함께 드러누워 경과를 지켜보고 있었다. 앨버트 아저씨에게 알아서 상황을 처리하라고 맡겨놓은 듯 말이다.

나는 앨버트가 얼마나 오랫동안 독신주의로 살았는지 모른다. 그러나 분명한 점은 아주 오래됐다는 것이었다. 쿠아가 묶여 있는 곳에 그가 도착했을 때 그는 너무 빨리 달리고 있어서 목표물을 지나쳐버렸다. 잠시 긴장된 순간 내가 한 생각은, 그가 우리를 경쟁하는 구혼자로 판단하고 텐트로 곧장 달려 들어와서 우리를 상대하려 한다는 것이었다. 그러나 어쨌든 그는 방향을 돌렸고 거친 돌진은 늦춰졌다. 그러다 황홀한 듯 기대하며 그가 도착하기만을 기다리던 쿠아와의 거리가 10피트 이내로 좁혀지자 앨버트의 태도가 돌변했다. 달리던 길에서 급정거를 하더니 머리를 숙이고서는, 갑자기 어릿광대가 되어버렸다.

보기 민망한 광경이었다. 귀가 뒤로 젖혀지며 넓은 머리통이 온통 붉어지더니 새끼처럼 몸을 좌우로 흔들기 시작했다. 그러면서 동시에 도취한 듯한 표정을 짓기 위한 의도였는지는 모르지만, 찌푸린 입술에다 소름 돋게 하는 주름을 잡았다. 그러나 그 모습은 내 눈에는 노쇠함의 증상으로만 보였다. 그는 또 닭살 돋는 가성으로 낑낑거리기 시작했는데, 발바리가 그런 소리를 냈다고 해도 아주 역겹게 느껴졌을 것이다.

쿠아는 그의 이상한 행동을 보며 난감한 표정을 짓고 있었다. 분명 그녀는 이런 놀라운 방식으로 구애를 받아본 적이 없었기에, 어떻게 해야 할지를 잘 모르고 있는 것 같았다. 쿠아는 살짝 으르렁거리면서 사슬을 최대한 당겨서 앨버트로부터 물러나 있었다.

그러자 앨버트는 굴욕적인 발작을 일으켰다. 배를 땅에 대고 그녀에게 기어가기 시작했다. 찌푸린 상은 순진한 백치의 표정으로 변해갔다.

나도 쿠아와 같은 염려가 들기 시작했다. 이 늑대가 제정신을 완전히 잃었다는 생각이 들자 나는 라이플총을 붙잡고 쿠아를 구하러 가려고 했다. 그때 우텍이 나를 말렸다. 그는 히죽 웃고 있었다. 음흉함이 그대로 드러난 미소였다. 그는 나더러 더 걱정하지 말라고 말했다. 늑대의 입장에서 볼 때 지극히 정상적으로 일이 돌아가고 있다는 것이다.

이 순간 앨버트는 정신 없이 신속하게 기어를 바꿨다. 낮게 기어가면서 갑자기 늠름한 수컷이 되어버린 것이다. 목털을 세우더니 얼굴을 커다랗고 묘한 은빛 기운이 감돌게 만들었다. 몸이 뻣뻣해지더니 하얀 강철로 만든 것처럼 보이게 되었다. 꼬리는 솟아나서 꼭 허스키처럼 높다랗고 단단하게 구부러졌다. 그리고는 섬세하게 한 걸음씩 거리를 좁혀 나갔다.

쿠아는 더 이상 의심을 품지 않았다. 앨버트의 그런 자세는 그녀도 이해할 수 있는 무엇이었던 것이다. 그녀는 조금은 수줍게 뒤돌아섰다. 그가 큼직한 코를 내밀어 첫 키스를 하려 하자 그녀는 휙 돌아서더니 수줍게 그의 어깨를 깨물었다……

이 일에 대한 나머지 기록을 속속들이 해놓았다. 그러나 지나치게 전문적인 과학 용어로 가득 차 있어서 이 책에 소개하기는 부적절하다고 본다. 그래서 나는 그 다음에 일어난 일을 요약하는 것으로 만족하기로 한다. 그것은 앨버트가 분명히 육체적인 사랑을 할 줄 알았다는 사실이다.

그 정도로 해서 내 과학적 호기심은 달랠 수 있었다. 그러나 앨버트 아저씨의 열정은 그럴 수 없어서, 아주 어려운 상황이 발생했다. 장장 두 시간 동안 갖은 인내를 발휘해 기다려 봤지만, 앨버트는 새로 발견한 사랑에게서 떠날 조짐을 도무지 보이지 않았다. 우텍과 나는 쿠아를 데리고 오두막으로 돌아가고 싶었다. 계속 기다릴 수만은 없었다. 약간은 자포자기하는 심정으로 우리는 마침내 서로에게 푹 빠져 있는 한 쌍을 향해 달려나갔다.

앨버트는 자리를 지키고 있었다. 아니면 우리를 완전히 무시했다고 해야 할 것이다. 우리는 사랑하고 있는 이들로부터 15피트도 안 되는 곳까지 다가갔다. 그런데도 앨버트가 조금이라도 떠나려 하지 않자, 우텍마저도 어찌할 바를 모르는 듯했다. 이 교착 상태는 내가 망설이다 못해 그들에게서 조금 떨어진 땅바닥에다 총을 한 발 쏘고 나서야 겨우 풀렸다.

총성이 앨버트를 황홀경에서 깨어나게 했다. 공중으로 풀쩍 뛰어오르더니 12야드를 튀어나갔다. 그러다 재빨리 평정을 되찾더니 우리 쪽으로 조금씩 되돌아오기 시작했다. 그 사이 우리는 사슬을 풀었고, 우텍이 샐쭉해져서 마지못해 끌려가는 쿠아를 데리고 집으로 가는 동안, 나는 총을 들고 뒤를 엄호했다.

앨버트는 우리와 함께 갔다. 그는 15~20야드를 유지하여 뒤처져 오기도 했고, 나란히 가기도 했으며, 앞서 가기도 했다. 그러면서 우리를 떠나려 하지 않았다.

오두막에 돌아와서 우리는 공중에다 일제히 한 발씩을 쏨으로써 앨버트의 열정을 식혀보려 했다. 그러나 그를 몇 야드 후퇴하게만 할 뿐 아무런 효과가 없었다. 쿠아를 밤에 오두막에 데리고 들어가는 것밖에는 아무 뚜렷한 방법이 없었다. 그녀를 팀원들과 함께 개 줄에 묶어둔다면 그들과 앨버트 사이에 대혼전이 일어날 것임이 분명했기 때문이다.

소름 끼치는 밤이었다. 문이 닫히자마자 앨버트는 비탄에 빠져

들었다. 그는 몇 시간을 쉬지 않고 구슬피 짖다가, 큰소리로 외치기도 하고, 훌쩍이며 불평을 하기도 했다. 개들이 내는 반응은 날카로운 비난의 소리와 맞서 짖는 소리의 불협화음이었다. 쿠아는 식을 줄 모르는 사랑의 메시지를 외치며 함께했다. 도저히 봐주기 힘든 상황이었다. 아침이 되자 마이크는 정말로 총을 쏴 버리겠다며 위협을 했다.

사태를 수습한 이는 우텍이었다. 그리고 아마 앨버트를 구한 것도 그였다. 그는 쿠아를 풀어준다면 다 해결될 거라고 마이크를 설득했다. 그의 설명은 그녀가 달아나지는 않을 것이며 늑대와 함께 캠프 근처에 머무르리라는 것이었다. 열기가 가라앉고 나면 그녀가 집으로 돌아올 것이며, 늑대도 자기 집으로 돌아갈 것이라고 했다.

그는 여느 때처럼 완전히 옳았다. 그 다음 주에 우리는 사랑에 빠진 이 둘이 꽤 먼 등성이에서 어깨를 나란히 하고 산책하는 모습을 몇 번 볼 수 있었다. 그들은 굴이 있는 에스커로도 가지 않았고 오두막 가까이로도 오지 않았다. 자기들만의 세상에 살면서, 바깥세상의 모든 일을 다 잊고 상대방에게만 집중했다.

그들은 우리를 의식하지 않았지만 나는 불편한 가운데 그들을 살펴보고 있었다. 그리고 어느 아침, 개 줄이 있는 옛날의 자리에 돌아와서 누워 있는, 지쳤지만 충분히 만족한 쿠아의 모습을 발견하고는 반가운 마음이 들었다.

다음 날 저녁 앨버트 아저씨는 늑대 에스커에서 열린 저녁 합창

의식에 다시 참석하였다. 그런데 이제 그의 목소리는 전에 들어본 일 없이 나긋나긋하고 자족하는 듯했다. 나는 좀 불쾌한 기분이 들었다. 지나친 과장은 아무리 늑대라 할지라도 봐주기 힘들었기 때문이다.

아침 고기 배달은 즐거워!

꼬마들을 골짜기로 옮긴 뒤, 그들은 좀처럼 내 시야에 들어오지 않았다. 그러던 어느 날 아침 앤젤린이나 두 수컷이 밤 사냥에서 돌아오기 전에, 나는 조심스레 암석층이 드러난 곳으로 가보았다. 골짜기가 100피트 이내의 거리로 내려다보이는 바위 마루 위에는 관목(灌木: Scrub, 떨기나무라고도 한다. 일반적으로 사람의 키보다 작고 원줄기와 가지의 구별이 확실하지 않은 나무로, 수국·진달래·앵두나무 등이 이에 속한다. –옮긴이)처럼 키 작은 가문비나무(Spruce: 원래 키가 사람보다 훨씬 큰 교목이나 고산 지방이나 고위도 지방에는 키가 작은 경우도 있다. –옮긴이)가 있었다. 바람은 불어도 한 번 휙 하는 정도였으며 그나마도 북동쪽에서 불어오는 것이라, 굴에 있건 굴 쪽으로 오고 있건 내 냄새를 맡을 수는 없을 것 같았다. 나는 나무 사이에 자리를 잡은 다음 골짜기 바닥을 훑어보았다.

전 구내에(30야드 길이에 10야드 너비의 둘러싸인 영역이었다) 사냥

다니는 길이 교차하고 있었다. 보고 있자니 꼬마 둘이 골짜기 한 벽면 아래 흩어진 바위 무더기에서 솟아올라서, 길 하나를 따라 신나게 달려서 아래에 있는 개울로 내려갔다. 둘은 나란히 개울 끄트머리에 줄을 서더니, 몽땅한 꼬리를 흔들며 물속에다 조그만 얼굴을 쏙 집어넣었다.

녀석들은 지난 몇 주 동안 상당히 많이 커 있었다. 이제는 덩치나 생김새가 거의 다 자란 그라운드호그 같아 보였다. 너무 뚱뚱해서 다리가 짧아 보이기도 하고 보드라운 회색 털외투는 녀석들을 더 토실토실해 보이게 했다. 지금으로서는 녀석들의 부모가 갖춘 유연하면서도 장대한 체격으로 자랄 가망이 없어 보였다.

셋째 꼬마가 협곡의 좀 더 아래쪽에서 나타났다. 녀석은 씹다 남겨놓은 순록의 어깨뼈를 질질 끌고 다녔다. 그것이 마치 살아 있어서 위험한 것인 양 으르렁거리고 있었다. 물가에 있던 녀석들이 이 소리를 듣더니, 물에 담근 고개를 들어 그쪽으로 뛰어갔다.

난투극이 시작되어 서로 송곳 같은 이빨로 상대방의 다리를 깨물며 놀아서, 꼬마들이 으르렁대는 소리와 찢어지게 낑낑대는 소리로 사방이 다 시끄러웠다. 넷째 꼬마도 나타나 황홀한 기쁨의 비명을 지르며 난투극에 뛰어들었다.

이 동족상잔 전쟁이 시작된 지 4~5분 후, 갈까마귀 한 마리가 협곡 위를 낮게 날기 시작했다. 까마귀의 그림자가 자기들 위로 미끄러져 나가자 녀석들은 뼈를 놓고 대피소로 허둥지둥 달려 들어갔다. 그러나 이것은 분명히 게임의 일부일 뿐이었다. 아무런 두려움 없이 숨어 있던 곳에서 곧바로 다시 나왔기 때문이다. 그 중 둘이 뼈를 다투는 전투를 다시 시작할 때, 나머지 둘은 좁은 소택지로 가서 냄새를 더듬어 쥐를 찾기 시작했다. 이 작은 구역에 아직도 남아 있는 쥐라면 틀림없이 비상하게 조심스러운 녀석이었을 것이다. 몇 분 동안 쿵쿵거리는 시늉을 하며 진창을 파고 들어가려고 한두 번 시도해보더니, 녀석들은 포기하고서 다시 함께 뛰어놀기 시작했다.

이 순간에 앤젤린이 나타났다.

꼬마들을 관찰하느라 너무 정신이 팔려 있어서, 지척에서 깊은 울음소리를 듣기 전까지 나는 그녀가 온 줄도 전혀 모르고 있었다. 꼬마들도 그 소리를 들었다. 우리는 모두 고개를 돌려서 골짜기 가장자리에 서 있는 앤젤린을 바라보았다. 꼬마들은 당장 게임을 그만두더니 날카롭고 와자지껄한 환호성을 질렀다. 한 녀석은 땅딸막한 뒷발로 서더니 신나는 기대감으로 공중에 앞발을 마구 흔들었다.

앤젤린은 가만히 사랑스럽게 녀석들을 보고 잠시 섰다가 가장자리를 넘어 골짜기 바닥으로 뛰어 내려왔다. 녀석들은 엄마에게 달려들었다. 그녀는 차례로 꼬마들에게 코를 대보더니, 몇 녀석을 넘어뜨려 등을 땅에 대고 눕게 했다. 그리고는 자신의 어깨를 구부려 토하기 시작했다.

무슨 일인지 알아차려야 했겠지만, 처음에 나는 허를 찔려서 공포스러워진 듯한 순간 동안 그녀가 독을 먹은 것이 아닌가 하는 걱정을 했다. 그런 종류는 아니었다. 경련을 몇 번 일으키더니, 그녀는 적어도 10파운드는 돼 보이는 약간 소화된 고기를 게워놓았다. 그러더니 한 발 물러나 드러누워서 꼬마들이 달려드는 모습을 지켜보았다.

아침 고기 배달이 나에게는 역겨운 것이었다면, 꼬마들에게는 말릴 수 없는 것이었다. 꼬마들은 아무 생각 없는 폭식으로 아침식사를 해치우기 시작했다. 앤젤린은 녀석들의 끔찍한 식사 예절을 고칠 생각 없이 아량 있게 지켜보고 있었다.

아침식사가 끝이 났다. 점심거리로는 단 한 토막도 남기지 않았다. 녀석들은 선 자리에서 그대로 나자빠졌다. 배가 불러서 아무래도 당분간은 장난을 더 칠 수가 없어 보였다.

뜨거운 여름 아침은 우리 모두를 몽롱하게 했다. 어느새 유일하게 깨어 있는 이는 나뿐이었다. 나도 그 상태로는 견디기가 힘들었다. 자세를 좀 바로잡고 기지개를 폈더라면 좋았을 것이다. 그러나 감히 움직이지를 못했다. 나는 늑대들에게 워낙 가까이 있었고 너무 완벽하게 조용했기 때문에, 내가 아주 작은 소리만 내도 그들을 깨웠을 것이기 때문이다.

조금 고상하지 못한 이야기이지만, 나는 날 때부터 위 안에 메아리방 비슷한 것을 달고 있었던 것 같다. 배가 고프거나 아니면 아무렇지도 않을 때에도 내 인체의 이 부위는 자율적으로 움직여서 소음을 만들어내기 시작한다. 게다가 그 소음은 놀랍도록 다양하고 음량이 풍부하며, 듣는 이가 쉽게 믿을 수 있도록 하는 호소력도 있다. 나로서는 어찌해볼 도리가 없는 노릇이었다. 비록 수년 간 약간의 기교는 터득했다고 하지만 말이다. 즉 짐짓 나와는 아무런 상관이 없으며, 다른 사람이 듣는 꼬르륵 소리가 나한테서 나온 것이 아닌 척하면서 사태를 좀 누그러뜨려 보는 것이다.

그러나 내 지하 세계의 악마 드러머는 자기 멋대로 하기를 원했다. 그에 따른 불협화음은 먼 데서 울려오는 천둥처럼 아침의 고요를 뒤흔들었다.

앤젤린이 깜짝하고 깨어났다. 고개를 세우고 유심히 귀를 기울였지만 어리둥절할 뿐이었다. (꼬르륵 소리를 죽이려고 온갖 수를 다 써봤음에도 불구하고) 소리가 계속 나자 그녀는 천천히 일어났다. 꼬마들이 낸 소리는 아니라는 것을 확인하기라도 하듯 녀석들을 슬쩍 보더니, 구름 한 점 없는 하늘을 의심스럽다는 듯 흘긋 쳐다보았다. 그렇다고 수수께끼가 풀릴 일은 아니었다. 그러다 이제 완전히 잠에서 깨어, 소리를 추적하기 시작했다.

쉬운 일이 아니었다. 대개 배에서 나는 소음에는 복화술(腹話術)의 효과가 분명한데다가, 내 소리는 더욱 그러했기 때문이었다. 골짜기를 두 번 오갔지만 앤젤린은 점점 커가는 호기심을 달랠 수 없었다. 나는 퇴각을 해야 할지 아니면 체내 오케스트라가 혼자 멈추기를 기대하며 그 자리에 그대로 서 있어야 할지 결정하지 못하고 있었다. 그런데 오케스트라는 기력이 여전히 왕성하여 새롭고 길게 늘어지는, 땅이 울릴 정도의 소리를 내고 있었다. 조금 있다가 나에게서 10피트 정도 떨어진 협곡 가장자리 위로 앤젤린의 머리가 나타났다.

우리는 몇 초 동안 말없이 서로의 눈을 가만히 보았다. 적어도 그녀는 침묵하고 있었고, 나는 그렇게 하려고 무진 애를 썼지만 별로 성공적이지는 못했다. 그것은 아주 특이하고 황당한 상황이었다. 쳐다볼수록 그녀에 대해 미안한 마음이 더 커졌다. 나는 그녀의 선처를 기대하고 있었다. 그러면서도 그녀의 눈에 바보처럼 보이고 싶지는 않았다.

아무리 안 그래 보이려고 해도 나는 스스로가 지극히 바보처럼 느껴졌다. 갑자기 그녀가 나타나서 나의 뱃속 음악을 더 활기 넘치도록 자극하는 것 같았다. 양해를 구하기 위해 적당한 방법을 생각해내기 전에, 앤젤린의 입술이 먼저 구겨지더니 허옇고 당당한 이빨이 드러났다. 차가운 경멸의 표현이었다. 그리고 앤젤린은 사라졌다.

나는 숨어 있던 곳을 얼른 떠나서 그녀를 좇아 골짜기 가장자리로 갔다. 그러나 때는 이미 사과하기에 너무 늦어버렸다. 내가 본 것이라곤 그녀가 아름다운 꼬리를 경멸하듯 휙 휘두르는 모양이었다. 그녀는 꼬마들을 몰아서 협곡 먼 쪽에 바위틈이 촘촘한 곳으로 사라지고 있었다.

히든 밸리에서 온 방문객들

관측 텐트에서 늑대들을 지켜보기를 7월까지 계속했건만 별다르게 새로운 지식을 얻지는 못했다. 꼬마들이 빠르게 자라서 먹이가 점점 더 많이 필요하게 되자, 조지와 앤젤린과 앨버트는 에너지와 시간의 대부분을 멀리 나가서 사냥하는 데 쓰고 있었다. 꼬마들의 먹이를 마련하는 일이 힘들어지자, 굴에 머무르는 짧은 시간 동안은 주로 잠을 자야 했다. 그러면서도 그들은 이따금 나를 놀래키곤 했다.

하루는 늑대들이 집 근처에서 순록을 잡게 되었다. 이 간편한 음식 공급 덕분에 그들은 휴가를 갖게 되었다. 그날 밤에는 아예 사냥이 없어서, 굴 가까이 머무르며 휴식을 취했다.
다음 날 아침은 맑고 따뜻했다. 전반적으로 셋 모두 만족스럽게 나른함을 즐기고 있는 것 같았다. 앤젤린이 여름 굴이 내려다보이는 바위에 편안히 누워 있었다면, 조지와 앨버트는 에스커 등성이의 모래 침대에서 쉬고 있었다. 긴 아침 내내 이들이 살아 있다는 유일한 표시는 이따금 바뀌는 자세와 일대를 둘러보는 느릿한 시선뿐이었다.

한낮이 다가오자 앨버트가 깨어나서 만 쪽으로 천천히 걸어가더니 물을 마셨다. 그리고 한두 시간 가량 산만한 태도로 스컬핀을 잡았다. 그러다 자던 곳으로 되돌아오기 시작했다. 반쯤 왔을까, 그는 용변을 보기 위해 멈춰야 했다. 그 일이 그를 너무 지치게 했던지 그는 에스커 정상으로 돌아간다는 생각은 포기하고, 대신 있던 자리에 온 몸을 쭉 뻗고 드러누웠다. 고개가 금방 처지더니 곧 잠에 빠져들었다.

나 말고 그를 보고 있던 이가 또 있었다. 조지가 앞발로 머리를 괴고 누워 친구의 낚시 원정이 어떻게 돼 가는지 한가로이 보고 있었다. 앨버트가 쓰러져 잠이 들자, 조지가 일어났다. 그는 기지개를 펴고 하품을 크게 하더니, 태평스런 무관심을 보이며 느릿느릿 앨버트가 누워 있는 지점으로 갔다. 그는 이렇다 할 목적이 없는 것 같았다. 멈춰 서서 관목 덤불과 쥐구멍에 코를 대고 킁킁거리다가, 앉아서 자기 몸을 긁었다. 그러면서도 그는 앨버트에게서 시선을 떼지 않았다. 그러다가 자고 있던 늑대와의 거리가 50피트가 안 되는 지점까지 어슬렁거리며 가더니, 갑자기 그의 몸을 극적으로 바꾸었다.

몸을 꼭 고양이처럼 낮게 웅크리더니, 심각한 뜻이 있다는 듯 앨버트에게 조금씩 다가가기 시작했다. 긴장감이 돌기 시작하여, 나는 망원경을 붙잡고서 어떤 위협이 시작될지 기다리고 있었다. 조지를 돌변하게 만든 것이 무엇인지 궁금해하면서 말이다. 가족의 완벽한 조화가 이제는 깨지는 것일까? 앨버트가 늑대의 규범을 어긴 대가를 피로써 지불해야만 하게 된 것일까? 꼭 그런 식으로만 보였다.

조지는 극도로 조심스럽게 미끄러지듯, 아무런 의심도 없이 자고 있는 이에게 다가갔다. 여전히 세상 모르고 자고 있던 앨버트와 10피트 정도 떨어진 거리에서, 조지는 뒷다리를 앞으로 바짝 당겨 한동안 멈춰 있더니 엄청난 도약을 시작했다. 동시에 무시무시한 으르릉 소리를 터뜨렸다.

150파운드 정도의 늑대가 튀어나가는 충격이면 앨버트 앞에 있던 공기를 다 앗아가버렸을 것이다. 그런데 그에게는 조금 숨 쉴 공기가 남아 있었나 보다. 내 늑대 소리 목록에 없는 완전히 새로운 소리를 그가 냈는데, 그것은 충격과 격분이 내는 음조 높은 으르릉거림이었다. 그 소리는 복잡한 지하철에서 누군가가 엉덩이를 꼬집자 화가 난 여자가 내는 소리와 크게 다르지 않았다.

조지는 뛰어나가서 이미 달리고 있었고, 그 뒤에 앨버트는 애써 일어서고 있었다.

뒤이은 추격은 정말 진지해 보였다. 조지는 마치 지옥의 문지기 개들에게 쫓기기라도 하듯 에스커 비탈을 뛰어 올라갔고, 앨버트는 엄숙하고 맹렬한 결의에 차서 뒤따라 달렸다. 그들은 날쌔게 앞서거니 뒤서거니 하며 있는 힘을 다해 달렸다.

둘이 여름 굴을 휩쓸고 지나갈 때, 앤젤린이 벌떡 일어나 재빨리 그들을 한 번 보더니 신나게 추격에 동참했다. 경주는 조지가 앞서고 나머지 둘이 뒤따르는 양상이 되었다. 그는 더 이상 이리저리 몸을 젖히지 않고 쏜살 같은 일직선 비행에 몸을 맡겨야 했다. 에스커 정상에서부터 아래로 내려가서, 밑에 있는 소택지를 건너, 만의 기슭을 따라가는 내리막이 시작되었기 때문이다.

만의 안쪽 기슭에는 쪼개진 거대한 바위가 있었다. 조지는 그 바위의 좁은 틈새를 쏜살처럼 통과하더니, 갑자기 방향을 틀어서 모래와 돌이 발에서 튀겨져 나왔다. 그러더니 바위 주위를 갑작스레 선회하다가 때마침 앤젤린의 측면과 마주치게 되었다. 그는 주저하지 않고 일부러 그녀에게 부딪쳐버렸다. 그녀는 완전히 자빠져 6피트 정도는 밀려나갔다.

쫓아오던 둘 중 하나가 잠시 퍼져버리는 사이 조지는 선두를 놓쳐버렸다. 그가 다시 선두를 탈환하기 전까지는 앨버트가 앞서가게 되었다가, 둘이 함께 선두를 다투며 달려갔다. 그러는 사이 앤젤린은 몸을 일으켜 경주에 다시 뛰어들었다.

경주는 시작이 그랬던 것처럼 갑자기 끝이 났다. 그러다 셋은 떨어져 몸을 털었고, 코를 훌금거리며 꼬리를 몹시 흔들었다. 그리고 굴을 향해 서둘러 걸어갔다. 모두 좋은 시간을 보냈다는 표정이 역력했다.

사실상 농담 같은 이런 일들은 늑대들에게 아주 드문 일이었다. 비록 사냥에서 돌아오는 조지를 멀리서 발견한 앤젤린이 몰래 숨는 광경을 본 적이 몇 번 있기는 하지만 말이다. 이런 경우 그녀는 숨었다가, 그가 거의 나란해질 만큼 왔을 때 갑자기 튀어나가곤 했다. 그는 항상 깜짝 놀라는 것 같았다. 하지만 이것은 그냥 그런 척한 것일 수도 있다. 대부분의 경우 그의 후각이 그녀가 가까이 있다고 경고했을 것이기 때문이다. 놀래주는 일이 끝나면 앤젤린은 짝에게 코를 비비고 앞발로 끌어안으며, 그의 앞에 몸을 던져 뒷다리를 들거나 스치듯 나란히 나아가며 어깨를 다정스레 부딪쳤다. 모든 것이 그녀 혼자 차려주는 작은 환영 의식 같았다.

7월의 정체 기간 동안 일어난 또 하나의 사건은 나에게 많은 생각거리를 제공해주었다. 이제는 앤젤린이 자주 수컷들과 사냥을 가곤 했지만 그러지 않는 날들도 있었다. 그러던 어느 날 그녀를 찾아온 방문객들이 있었다.

자정은 족히 넘은 시간에 텐트에서 졸고 있자니 남녘 어디선가에서 늑대 울음이 들렸다. 그리 먼 곳은 아니었다. 늘 듣던 소리가 아닌, 다소 약하면서 떨리는 소리였다. 졸렸지만 쌍안경을 들고 소리의 출처를 찾아보았다. 그러다 늑대 두 마리를 발견했다. 만에서 내 쪽이면서 늑대 에스커의 바로 맞은 편이 되는 돌출된 지점에 앉아 있는 방문객들이었다.

나는 갑자기 잠이 확 달아났다. 늑대 가족 고유의 영역은 다른 늑대들의 입장에서는 신성불가침이라고 믿고 있었기 때문이다. 조금 전에 협곡으로 들어가는 모습을 봤기 때문에, 나는 앤젤린이 집에 있다는 사실을 알고 있었다. 침입에 대한 그녀의 반응이 어떠할지 몹시 궁금해졌다.

쌍안경을 협곡 쪽에 들이대니(길다란 망원경은 어스름이면 몰라도 야간용으로는 보통 쌍안경만큼 좋지가 않았다) 그녀는 이미 나와서 방문자들이 있는 지점을 향해 서 있었다. 그녀는 빈틈없는 경계 태세로 있었다. 고개를 앞으로 쑥 내밀고, 귀는 쫑긋 세우며, 꼬리는 세터(Setter: 영국 원산의 사냥개로 주로 습지의 새 사냥에 쓰이는데, 꼬리 아래쪽과 다리 뒤에 고운 털이 있다. -옮긴이)처럼 뒤로 쭉 뻗은 상태였다.

어느 늑대도 몇 분 동안 움직이거나 더 소리를 내지 않았다. 그러다가 방문자들 중 하나가 조금 전에 들었던 자신 없는 소리를 내보았다. 앤젤린은 즉각 반응을 했다. 천천히 꼬리를 움직이기 시작하더니 긴장된 태도가 눈에 띄게 누그러졌다. 그러더니 골짜기 가장자리로 나아가 힘차게 짖었다.

지금에 와서야 책을 보고 알게 된 사실은, 늑대는(그리고 허스키 개는) 짖지 않는 것이 정상이라는 점이다. 그런데 앤젤린이 짖는 소리는 짖는 것 그 자체였지 다른 무엇이 아니었다. 그 소리를 듣자마자 두 방문객들은 일어나서 만의 기슭 주변을 빠른 걸음으로 나아갔다.

굴에서 4분의 1마일 정도 떨어진 곳에서 앤젤린은 그들을 만났다. 꼼짝 않고 서서 그들이 다가오기를 기다렸고, 그들은 그녀에게서 5~10야드 정도 떨어진 거리에서 멈춰 섰다. 아무 소리도 들을 수 없었다. 대신 셋 모두 꼬리를 천천히 앞뒤로 흔들기 시작했다. 이렇게 상호간에 좋은 감정 표시를 1분 가량 하더니, 앤젤린이 조심스럽게 앞으로 나아가 냄새를 맡았다.

이 방문자들이 누구였건, 보아하니 환영을 받는 듯했다. 환영식이 끝난 다음, 셋은 모두 여름 굴을 향해 시둘러 걸어갔다. 골짜기 가장자리에서 방문객들 중 하나가 앤젤린과 함께 장난치며 뛰어놀기 시작했다. 이 둘은 몇 분간 장난을 쳤는데, 앤젤린과 조지, 아니면 조지와 앨버트가 하던 것보다는 훨씬 점잖은 정도였다.

그 사이 다른 방문객은 조용히 골짜기 아래로 내려가 꼬마 넷이 있는 곳으로 갔다.

아쉽게도 골짜기 안에서 무슨 일이 일어났는지는 볼 수가 없었다. 그러나 그것이 앤젤린을 불편하게 만드는 일이 아님은 분명했다. 친구와 장난을 친 다음 그녀도 골짜기 가장자리로 걸어가더니, 꼬리를 전보다 더 흔들면서 아래를 바라보고 서 있었기 때문이다.

방문객들은 오래 머물지 않았다. 20분이 지나 골짜기에 내려가 있던 손님이 다시 나타났다. 셋은 서로 모두 냄새를 더 맡았다. 그러다 손님들은 돌아서서 자기들이 온 길로 되돌아가기 시작했다. 앤젤린은 하나 둘 차례로 장난을 쳐가며 얼마간 배웅을 했다. 앤젤린은 그들이 만 기슭 모퉁이를 돌아 서쪽으로 사라질 때까지 기다렸다가 집으로 돌아왔다.

내가 본 것들을 이야기했더니 우텍은 전혀 놀라지 않았다. 오히려 놀란 나를 이상하게 여기는 것 같았다. 그의 말은, 사람도 다른 사람을 방문하지 않느냐, 늑대가 다른 늑대를 방문하는 게 뭐가 이상하냐는 것이었다.

할 말이 없었다.

이때 마이크가 대화에 끼어들었다. 그는 그 손님 늑대들이 어떻게 생겼는지 물어보았다. 내가 최선을 다해 묘사했더니, 그는 고개를 끄덕였다.

"내 생각에 그들은 '히든 밸리'(숨겨진 골짜기) 식구야."

그가 말했다.

"여기서 아마 3~4마일 정도 되지. 여러 번 봤어. 암컷 둘에 수컷 하나, 그리고 새끼들. 그 중 하나는 네가 앤젤린이라고 부르는 암컷의 엄마야. 나머지 하나는 아마 자매지간일 거고. 아무튼 가을이 되면 모두 너의 늑대 식구들과 합쳐서 남쪽으로 갈 거야."

나는 이 정보를 몇 분간 생각해보다가 그에게 물었다.

"암컷 둘 중 하나만 짝이 있으니 나머지 하나는 분명히 아직 미혼인데, 네 생각에는 누구라고 생각하지?"
마이크는 나를 오랫동안 걱정스레 쳐다봤다.
"어디 좀 보자."
그가 말했다.
"너, 언제 여기를 떠날 생각이니, 응? 내가 보기에 너는 여기서 너무너무 오래 있었어."

가족생활과 가족계획

 7월 중순에 내가 내린 결론은, 수동적인 관찰자로서의 내 역할을 포기하고 늑대들의 사냥 활동을 제대로 조사하기 시작해야 할 때가 왔다는 것이었다.
 이 결정이 빨리 내려진 것은, 오랫동안 무시해온 작전 명령을 몇 주 동안 쌓여 있던 지저분한 양말 더미 아래에서 우연히 발견하고 나서였다. 나는 명령뿐만 아니라 오타와 자체에 대해서도 사실상 잊어버리고 있었다. 그런데 조목조목 명시해놓은 명령서 다발을 다시 쭉 훑어보다 보니 의무 태만이라는 자책감을 느끼게 되었다.
 명령이 내게 시사해준 바는, 첫 과업으로서 늑대의 개체 수 및 전반적인 조사를 수행했어야 했다는 것이었다. 그리고 이어서 '늑대와 순록의 포식자-먹이 관계'에 대한 심층 연구까지 말이다. 그러니 늑대의 본성과 사회적 행동에 대한 연구는 엄연히 내 과업의 본 관심사 밖에 놓여 있던 것들이었다. 그래서 어느 날 아침 나는 텐트를 걷어치우고, 망원경을 챙겨 넣은 다음, 관측 초소를 폐쇄해 버렸다. 다음 날 아침 우텍과 나는 캠핑 장비를 카누에 싣고, 툰드라 평원을 가로질러 북녘으로 가는 장기 순항(巡航)을 떠났다.

우리는 그후 몇 주 동안 수백 마일은 넘게 나아갔다. 그리고 늑대의 개체 수 및 늑대와 순록의 포식자-먹이 관계에 대해 많은 정보를 입수했다. 또한 상부의 목적과는 상관이 없다고 하더라도 완전히 무시할 수만은 없는 관련 정보도 많이 얻을 수 있었다.

키웨이틴 지역의 늑대 개체 수에 대한 반공식적인 추정치는, 권위 있는 기관이 모피 사냥꾼 및 모피 상인이 제공한 정보를 근거로 하여 이미 만들어낸 바 있었다. 그 추정 수치는 3만 마리였다. 얕은 내 수학 실력만으로도 평균 6평방마일당 한 마리꼴이라는 계산을 할 수 있었다. 툰드라 평원 지대의 3분의 1이 물속에 잠겨 있다는 점을 고려한다면, 동시에 나머지 3분의 1은 순록도 늑대도 다른 대부분의 동물도 먹고살 수 없는 불모의 바위와 산등성이로 이루어져 있다는 점을 고려한다면, 밀도는 대략 2평방마일당 한 마리꼴로 올라갔다.

이 정도면 꽤 조밀한 편이다. 정말 그것이 사실이었다면 우텍과 나는 늑대를 조심하느라 온 정신이 다 팔려 앞으로 나아가기가 힘들었을 것이다.

이론가들에게는 안 된 일이지만 우리가 알아낸 바로는 늑대들은 가족 단위로 넓게 흩어져 있었다. 한 가족이 차지한 영역은 100

에서 300평방마일까지였으며, 흩어져 있는 것도 일정치가 않았다. 가령 우리가 발견한 한 군데에서는 두 가족이 각각 반 마일 이내의 영역에 굴을 두고 살고 있었다. 게다가 우텍이 말하길 자기는 카잔 강 근처의 에스커에서 암컷 세 마리를 본 적이 있는데, 모두 자기 새끼 몇 마리씩을 데리고 서로 몇 피트도 되지 않는 거리에 있는 굴에서 살고 있더라는 것이다. 한편 우리는 슬레위아자 강 유역에 있는 훌륭한 늑대 서식지로 보이는 지역을 3일 간 지나가며, 늑대의 것이라곤 발자국 하나, 대변 한 덩이, 털 한 올도 발견하지 못하기도 했다. 마지못해, 그리고 내 상관들에게 귀염받기는 틀렸다는 사실을 알면서도, 나는 개체 수 추정치를 3,000으로 낮출 수밖에 없었다. 그리고 그 때문에 스스로도 너무 심한 과장을 했다는 느낌마저 들었다.

우리가 발견한 가족들의 규모는 아주 다양했다. 어른 한 쌍에 꼬마 셋인 경우가 있는가 하면, 어른 일곱에 꼬마가 열인 경우도 있었다. 단 한 경우를 제외하고는 모두 추가로 베이비시터 어른이 하나씩 있었다. 가족 내에서 이들이 차지하는 위치에 대해서는 죽여보지 않는 한(그랬다면 나이와 성별 정도는 알 수 있었겠지만) 전혀 알 수가 없었기 때문에, 나는 정보를 얻기 위해 다시 우텍에게 의지했다.

암컷들은 두 살, 수컷들은 세 살이 되기까지 번식하지 않는다고 그가 말했다. 번식 연령이 되기까지 대부분의 미성년들은 부모와 함께 지낸다. 그런데 가정을 꾸밀 연령이 되어도 그러지 못하는 경우가 흔히 있는데, 그것은 자작 농장이 부족해서이다. 쉽게 말해서 엄마들이 새끼들을 키울 수단을 제공해줄 만한 사냥 구역이 충분하지 않다는 것이다. 서식지의 적정 부양 능력을 넘어서는 늑대 개체 수의 과밀 현상이 나타난다면 먹이가 되는 동물들의 수가 급격이 줄어들 것이다. 그러면 뒤따르는 먹이의 부족 때문에, 늑대들은 생식 억제를 통해 일종의 가족계획을 단행하게 된다. 일부 어른 늑대들은 영토가 마련될 때까지 몇 년을 독신으로 지내야만 하는 경우가 있다. 대신 절박한 성적 욕구가 생기는 기간이 짧기 때문에(1년에 거의 3주 정도만) 이들 처녀 총각은 심각한 성적 박탈감을 느끼지는 않는다. 더욱이 가정적인 것에 대한 욕구와, 새끼들뿐만 아니라 다른 어른들과의 교제에 대한 욕구가 가족 집단의 공동체적 성격에 의해 충족될 수 있었다. 사실 우텍이 믿었던 바로는, 어떤 늑대들은 실제로 '아저씨'나 '아줌마' 상태를 선호한다고 했다. 부모로서의 전적인 책임 부담 없이 가족을 부양하는 일에 동참하는 즐거움을 맛볼 수 있기 때문이라는 것이다.

   늙은 늑대들, 특히 자기 짝을 잃은 늑대들도 독신으로 지내는 경향이 있었다. 우텍이 16년 동안 매년 만났던 늑대 수컷 하나는 그 기간의 처음 6년간을 해마다 새끼를 키웠다고 했다. 7년째 겨울 그의 짝이 사라졌다. 아마 남녘의 포상금을 노린 사냥꾼에 의해 독살당했을 것이라고 했다. 이듬해 봄 그는 전에 쓰던 굴로 되돌아왔다.

그런데 그즈음에도 몇 마리를 길렀는데, 모두 다른 늑대의 새끼들이었다고 했다. 우텍의 생각으로는 아마 그 홀아비의 아들과 며느리의 새끼들이었으리라고 했다. 어떤 일이 있어도 그 늙은 늑대는 여생 동안 가족의 정원 외로 남았다. 새끼들에게 도움을 주는 일은 계속 함께하면서도 말이다.

늑대들에게는 일정한 수의 자작 농장만 가능하다는 사실과는 별도로, 늑대의 숫자는 본래부터 있는 가족계획 메커니즘에 의해 더 제한을 받는 듯하다. 그래서 먹이 야생종이 풍부할 때에는(아니면 늑대의 개체 수가 부족할 때에는) 암컷이 새끼를 많이 낳는데, 어떤 때는 그 수가 여덟 마리가 되기도 한다. 그러나 늑대 숫자가 너무 많거나 먹이가 부족하면 한 번에 낳는 새끼 수가 한두 마리에 그칠 수도 있다. 이 사실은 털발말똥가리(rough-legged hawk: 매목 수리과 조류. 다리에 깃털이 있는 것이 특징이다. -옮긴이) 같은 다른 북극 동물들에게도 적용된다. 작은 포유류의 개체 수가 많은 해에 털발말똥가리는 한 배에 대여섯 개의 알을 낳는다. 그러나 생쥐와 나그네쥐(레밍)가 부족할 때에는 알을 단 하나만 낳거나 아예 하나도 낳지 못하는 경우도 있었다.

유행성 질병(전염병)은 다른 통제 요인이 작동하지 않을지라도 늑대 개체 수가 먹이 동물의 부양 능력이 유지할 수 있는 한도보다 너무 많아지지 않도록 보장해주는 최우선적인 요인이다. 일반적인 균형이 엉망이 되어버려(흔히 인간의 개입으로 인한) 늑대 수가 너무 많아지는 드문 경우에, 먹이는 점점 부족해지고 영양 결핍은 당장 기아로 발전해서 그들은 육체적으로 금방 약해지기 시작한다. 때로는 광견병, 디스템퍼(Distemper: 개과의 동물들에게 발생하는 홍역 비슷한 바이러스성 전염병 -옮긴이), 옴 같은 지독한 전염병이 늑대들 사이에 일정하게 나타나기도 하여, 숫자가 겨우 생존만 가능한 수준으로 급격히 줄기도 한다.

1946년은 나그네쥐의(캐나다령 북극에서는 순환적인 야생종으로서, 숫자가 4년마다 최고가 되었다가는 뒤이어 거의 제로 수준으로 떨어진다) 수가 주기상으로 적어지는 해였다. 공교롭게도 철저하게 고갈되어 가던 키웨이틴 순록 떼(캐나다 순록의 수는 1930년에 약 400만 마리이던 것이 1963년에는 17만 마리 이하로 떨어졌다)는 그 해 이동 습관을 바꾸어버렸다. 그래서 그들 대부분은 키웨이틴 중심 지대의 남부를 그냥 지나쳐버렸다. 에스키모, 여우, 늑대 모두에게는 재앙과 같은 계절이었다. 굶주림이 온 땅에 무겁게 드리워져 있었다. 잠복 중이던 광견병 바이러스가 굶주린 여우들 사이에 창궐하더니, 늑대들에게도 옮기 시작했다.

한편으로 광견병에 걸린 동물들이 흔히 말하는 의미대로 '미치는' 것은 아니다. 신경 체계가 악영향을 받아 산만하고 예측이 불가능한 상태가 되며, 공포감을 극복하는 능력을 잃어버린다. 광견병에 걸린 늑대는 이따금 달리는 자동차나 기차에 무심코 뛰어들기도 한다. 허스키 팀이 모두 모여 있는 한가운데에 비틀비틀 나타나 결국 갈기갈기 찢어 발기는 꼴을 당하게 되기도 한다. 또 드물지 않게 민가에 나타나 헤매다가 사람이 있는 텐트나 집에 들어가기까지 한다. 거의 죽을 지경으로 아픈 상태인 이런 늑대들은 불쌍한 존재이지만, 그들에 대한 사람들의 반응은 대체로 억제할 수 없는 극도의 공포다. 그것은 질병에 대한 공포가 아니라 늑대 자체에 대한 공포다. 그 비정상적인 행동이 광견병 때문이라고 알아보는 경우는 드물기 때문에 늑대는 본래 난폭하고 위험하다는 일반적인 신화를 뒷받침해주는 괴이한 사건들이 일어난다.

그렇게 아프게 죽어가던 늑대 하나가 1946년의 전염병 유행 때 처칠에 나타났다. 이 늑대를 처음 만난 사람은 처칠의 맥주집에서 한잔을 걸치고 막사로 돌아가던 캐나다 육군 상병이었다. 상병이 기술한 바에 따르면, 거대한 늑대 한 마리가 살기 가득하게 자기 앞으로 풀쩍 뛰어들었다. 그 병사는 위병소까지 1마일을 달려가서야 가까스로 목숨을 건질 수 있었다고 했다. 그는 자기가 겪은 고난의 신체적 증거를 보여주지는 못했다. 대신 정신적인 상처만이 깊게 패여 있는 것 같았다. 그의 경고는 전 육군 캠프를 히스테리에 가까운 심리적 공황 상태로 몰아넣었다. 미군과 캐나다군은 모두 파견대를 동원하였다. 곧 여러 분대가 엄숙한 표정으로 라이플총, 카빈소총, 스포트라이트로 무장을 하고 주변을 뒤지기 시작했다. 그들이 대처하느라 여념이 없던 위협은 단 몇 시간 만에 여러 무리의 굶주린 늑대들로 부풀려져 있었다.

뒤이어 일어난 소동으로 허스키 개 열한 마리와, 미군 일병 하나, 집에 늦게 돌아오던 치피와얀 인디언 하나가 희생되었다. 늑대가 아니라 자경단원의 소행이었다.

이틀 간 아이들과 여자들은 집 밖으로 나오지 못했다. 육군 부대 보병들은 거의 구경할 수가 없었으며, 먼 건물에 볼일이 있는 사람들은 잘 무장하여 지프차를 타고 가거나 아예 일을 보러 가지 않았다.

둘째 날 늑대 하나가 추적에 동참했던 육군 경비행기에 의해 발각되었다. 용맹스러운 기마 경찰 분견대가 늑대를 처치하기 위해서 출격했다. 그러나 그 늑대는 허드슨 베이 컴퍼니라는 회사의 간부가 소유한 코커스패니얼 종 애완견으로 드러났다.

셋째 날까지 이 심리적 공황은 진정되지 않았다. 그날 오후 늦게 어느 운전병이 6톤 군용 트럭을 몰고 공항에서 부대로 돌아오던 중, 길 한가운데에서 갑자기 나타난 모피 다발을 발견했다. 그는 급제동을 했지만 제때 멈출 수 없었다. 늑대는(당시에는 너무 아파서 더 이상 움직일 수가 없었다) 고맙게도 죽음을 맞았다.

사건의 여파가 더 흥미로웠다. 지금까지도 자리에 앉기만 하면 늑대의 1946년 침공을 이야기하는 처칠 시민들이 종종 있다. 전 대륙에 흩어진, 당시에 숱하게 많았던 군인들도 마찬가지다. 그들은 늑대와 직접 마주친 절박한 순간이나, 잔인하게 물어뜯긴 여자와 아이나, 갈기갈기 찢긴 썰매개 팀이나, 아니면 인간 사회 전체가 포위당한 이야기들을 한다. 빠진 것이 있다면 러시아 삼두 썰매 이야기에 대한 북미식의 극적인 묘사뿐이다. 늑대가 사람 뼈 으깨는 소리가 울려퍼지는 북극의 밤에, 얼어붙은 평원을 지나 달아나다가 늑대 무리와 마주치고서 질리고 만 이야기 말이다.

늑대 앞에서 발가벗다

툰드라 평원 지대를 카누를 타고 돌아다니며 보낸 몇 주는 낭만적인 시간이었다. 날씨는 대체로 좋았으며, 끝없이 펼쳐진 땅을 보며 느끼는 해방감은 우리가 겪고 있던 다채로운 생활만큼이나 활기를 심어주었다.

새로운 늑대 가족의 영토에 들어가면, 캠프를 설치하고 그들을 알기 위해 필요한 만큼 머물며 주변 지역을 탐험했다. 일대가 삭막하고 적막했지만 외롭지 않았던 것은 순록이 늘 우리와 함께 있었기 때문이다. 늘 수행하는 재갈매기와 갈까마귀 떼들과 함께, 순록은 자신들이 없었다면 아주 황량했을 법한 풍경에 생동감을 더해주었다.

이곳은 순록과 늑대와 새와 작은 동물들의 땅이었다. 우리는 가뿐하고 대수롭지 않은 침입자일 뿐이었다. 인간이 불모지대를 지배한 적은 없었다. 에스키모들이 한때 이곳을 차지했다 하더라도, 그들은 이 땅과 늘 조화롭게 살았다. 이제 이들 내륙 에스키모는 거의 모두 사라지고 말았다. 우텍이 속했던 40명이라는 작은 부족만이 마지막 내륙 사람들이었다. 그리고 그들조차도 이 황야의 광막함 속에 거의 묻혀 있었다.

우리가 다른 인간과 마주친 것은 단 한 번뿐이었다. 어느 날 아침 길을 떠난 직후 우리는 카누를 타고 어느 강굽이를 돌고 있었다. 우텍이 갑자기 노를 들더니 소리를 질렀다.

우리 앞의 갯가에 쪼그리고 앉아 있는 듯이 납작한 가죽 텐트 하나가 있었다. 우텍의 소리에 남자 둘, 여자 하나, 사내아이 셋이 텐트 밖으로 우르르 몰려나오더니 다가가는 우리를 보기 위해 물가로 달려왔다.

배에서 내리자 우텍이 나를 자기 부족인 이 가족 중의 한 사람에게 소개했다. 오후 내내 우리는 일 없이 차를 마시고, 한담을 나누며, 웃고 노래하며, 삶은 순록고기를 산더미처럼 먹었다. 밤에 잠자리에 들려는데 우텍이 내게 말했다. 이 가족의 남자들이 이 지점에 캠프를 친 것은 몇 마일 하류에 있는 여울에서 강을 건너려는 순록을 중간에서 사로잡기 좋기 때문이라고 했다. 두 남자는 1인용 카약을 저어 가서 찌르는 창으로 무장을 한 다음, 순록이 강을 건널 때 겨울을 나기에 충분한 만큼 살진 동물들을 잡을 수 있기를 바랐다. 우텍은 사냥을 몹시 따라가고 싶어했다. 또 자기가 친구들을 돕는 동안 내가 며칠 간 부디 여기 머물러 있기를 바랐다.

나는 반대하지 않았다. 다음 날 아침 세 에스키모는 떠났다. 화창한 8월의 햇살 속에 나를 남겨 두고서.

멋진 계절은 끝이 났다. 무덥고 바람 없는 날이었다. 날씨가 좋아서 수영도 하고 창백한 피부도 햇볕에 좀 쏘이기로 했다. 그래서 에스키모 캠프에서 몇백 야드 떨어진 곳으로 가서 옷을 다 벗고 수영을 했다. 황야에서 정숙함을 찾는다는 것은 미미하나마 문명사회의 해악을 끼치는 듯한 기분이 들었던 것이다. 그 다음 가까운 등성이에 올라가 누워서 일광욕을 했다.

늑대처럼 나는 가끔 고개를 들어 주변을 훑어보았다. 한낮 즈음 나는 옆에 있는 등성이 정상을 넘어 북쪽으로 가는 늑대 한 무리를 보았다.

세 마리였는데, 하나는 흰빛이었고 나머지 둘은 거의 검은빛이었다. 검은빛은 늑대의 체색(體色) 변화상 좀처럼 나타나지 않는 빛깔이었다. 모두 어른이었으나, 그 중에서 흰빛이 나머지 둘보다 더 작고 가벼워 보였다. 암컷 같았다.

당혹스러운 일이었다. 내 옷은 조금 떨어진 물가에 있었고, 등성이에서 가져온 것이라곤 고무신 한 짝과 쌍안경뿐이었던 것이다. 옷을 가지러 간다면 이 늑대들의 움직임을 놓칠 염려가 있었다. 그러다가 이런 날에 옷이 무슨 필요인가 하는 생각을 했다. 늑대들은 곧 옆의 등성이를 넘어갔다. 나는 쌍안경을 붙잡고 서둘러 쫓아갔다.

이 지역은 낮은 등성이들이 얽힌 미로였다. 풀이 많은 습지가 카펫처럼 깔린 작은 골짜기들이 등성이들을 구분짓고 있었다. 순록들은 작은 떼를 이루어 풀을 뜯어먹으며 남쪽으로 이동하고 있었다. 이곳의 지형이 이상적이었던 것은 늑대들이 차례로 이들 계곡을 건너는 모습을 정상에서 계속 관찰할 수 있었기 때문이었다. 그들이 등성이를 넘어 시야에서 사라져도, 나는 발각될 염려 없이 전속력으로 다른 지점까지 달려가기만 하면 되었다. 연이어 계곡을 건너가는 그들의 모습을 보기 위해 말이다.

흥분에 차서 온 힘을 다하느라 땀을 뻘뻘 흘리며, 북쪽으로 난 첫 등성이까지 전력 질주를 했다. 나는 순록들 사이에 늑대 세 마리가 갑자기 나타나 날뛰는 예상 못했던 모습을 본다는 기대에 잔뜩 부풀어 있었다. 그런데 당혹스럽게도 내가 본 것은 완전히 평화로운 광경이었다. 수컷 순록이 50마리 가량 있었는데, 셋에서 열 정도씩 무리를 지어서 흩어져 풀을 뜯느라 정신이 없었다. 늑대들은 이 순록들에게는 바위만큼의 관심도 없다는 듯 계곡을 이리저리 거닐고 있었다. 순록 입장에서도 아무런 위협을 느끼지 않는 것 같았다. 목장을 거니는 개 세 마리가 가축 떼에게 보이는 관심도 이 늑대들이 순록 떼에게 보인 관심보다는 더 많았을 것이다.

이것은 완전히 잘못된 광경이었다. 여기 많은 순록들에 둘러싸인 늑대가 한 조(組) 있다. 그런데 양쪽 모두 상대방이 있다는 사실을 분명히 알고 있으면서도 아무런 동요도 없고, 별 관심조차도 없어 보인다니 분명히 잘못되었다.

믿기 힘든 일이지만 앉아서 새김질을 하고 있는 어린 순록 둘이 있는 곳에서 50야드도 안 되는 거리인데도 늑대 셋은 태연히 걸어 다니고 있었다. 순록들도 고개를 들어 늑대가 지나가는 모습을 보았지만 일어나지도 않았고 씹던 일을 멈추지도 않았다. 늑대에 대한 그들의 경멸이 터무니없어 보이기까지 했다.

늑대 둘이 풀을 뜯고 있는 두 무리의 순록들 사이를 지나갔다. 늑대들은 순록들을 무시함과 동시에 그들의 무시를 받으면서 서서히 지나갔다. 더 황당한 것은, 늑대들이 비탈을 힘차게 달려 올라가 꼭대기 너머로 사라졌을 때 내가 얼른 일어나 따라가자, 늑대 앞에서는 그토록 무감각하던 순록들이 벌떡 일어나 정말 이상하다는 듯이 나를 쳐다보는 것이었다. 내가 전력질주하여 곁을 지나치자 그들은 고개를 쑥 내밀고 믿을 수 없다는 듯이 콧김 내뿜는 소리를 내다가는, 뒷발로 서서 앞발을 내젓다가 악마에게 쫓기기라도 하듯 전속력으로 달려나갔다. 늑대에 대해서는 무심하면서 나에게는 그토록 겁을 집어먹었다는 사실은 너무나 부당한 일 같았다. 그러나 다른 한편으로 생각해보면, 어느 백인의 딱한 꼴에 익숙지 않아 그런 공포심이 생겨난 것이라고 스스로를 위로할 수 있었다. 약간 분홍빛이 돌면서, 몸에 걸친 것이라곤 부츠와 쌍안경 하나에, 미친 듯이 달려 지나가는 민망한 광경이니 오죽했을까.

나는 꼭대기 너머에 있는 늑대들과 거의 맞바로 마주칠 뻔했다.

그들은 비탈의 내리막에 작게 뭉쳐서 사교적인 막간 여흥을 즐기고 있었다. 예전에 보았던 코 들이밀기와 꼬리 흔들기를 연신 해대면서 말이다. 나는 바위 뒤로 몸을 날려서 숨은 다음 기다렸다. 잠시 후 하얀 늑대가 다시 출발했고 나머지는 뒤따랐다. 그들은 서두르지 않았다. 순록 수십 마리가 풀을 뜯고 있는 골짜기 바닥으로 난 내리막 비탈을 타는데, 제각각 놀라울 정도로 자유롭게 이리저리 걸었다. 그 중 한둘은 몇 번 멈춰서 이끼 덩이 냄새를 맡거나 한쪽으로 우회를 하여 직접 무언가를 찾아보기도 했다. 골짜기에 다다르자 100피트 정도 떨어져 옆으로 나란히 늘어서더니 이 대형으로 돌아서서 골짜기 바닥을 따라 빨리 걷기 시작했다.

늑대들 바로 앞에 있는 순록들 말고는 별다른 반응을 보이는 경우가 없었다. 늑대가 50~60야드 정도 다가가야, 순록이 콧소리를 내며 뒷발로 일어나 진행 대열의 어느 한 곁으로 휙 달아나버렸다. 그 중 몇몇은 몇 야드를 달린 다음 다시 돌아서서 늑대가 지나가는 모습을 약간은 흥미가 있다는 듯 쳐다보았다. 그러나 대부분은 다시 풀 뜯는 일로 돌아가서 늑대에게는 시선 한 번 더 주지 않았다.

한 시간 이내에 늑대들과 내가 3~4마일 정도를 나아가는 동안 우리는 400마리 가량 되는 순록 곁을 지나쳐갔다. 어떤 경우든 순록의 경우는 마찬가지였다. 늑대가 적당한 거리에만 있으면 관심이 없었고, 아주 가까이 오면 가벼운 관심을 보이며, 충돌이 임박한 듯할 때에만 피하는 전술을 쓰고 있었다. 우루루 달아난다든지 공포에 질리는 법은 없었다.

그때까지는 수컷 순록만 보이다가 암컷 순록과 아기 순록도 여럿을 만날 수 있었다. 그런데 늑대들의 행동에도 변화가 오기 시작했다.

그 중 하나가 버드나무 덤불의 은신처에 있던 아기 순록 하나를 자극했다. 아기 순록은 늑대 앞에서 20피트도 안 되는 곳에 폴짝 뛰어서 나타났다. 늑대는 멈춰 서서 잠시 보더니 쫓아 달려갔다. 마침내 기대하던 살육 장면을 볼 수 있다는 흥분에 가까운 기대로 내 가슴은 쿵쾅거리기 시작했다.

그런데 그럴 일은 일어나지 않았다. 늑대는 아기 순록이란 안중에도 없다는 듯 50피트를 열심히 달려가다가 갑자기 추격을 그만두더니 빨리 걸어가서 자기 동료들에게 합류하고 말았다.

내 눈을 의심하지 않을 수 없었다. 아기 순록이 최후를 맞이하는 것이 정상이었다. 늑대가 자기 명성의 10분의 1만큼만 어울리게 행동했더라면 틀림없이 그렇게 되었을 것이다. 그후로도 셋은 아기 순록만이건, 아기를 데리고 있는 어미 순록 한 마리건, 아기들과 어미들이 함께 있는 그룹이건, 합쳐서 적어도 열두 번은 돌진을 했다. 하지만 매번 추격은 제대로 시작되기도 전에 중단이 되었다.

나는 서서히 분으로 가득 차오르고 있었다. 내가 일대를 6마일씩이나 달리며 기진맥진한 것이 늑대 한 패가 바보짓을 하는 꼴을 보기 위함은 아니었기 때문이다.

늑대들이 다음 계곡을 떠나 멀리 떨어진 꼭대기 너머로 헤맬 때, 나는 눈에 불을 켜고 그들을 쫓아갔다. 무슨 생각이었는지는 모르겠다. 아마 직접 아기 순록 하나를 쫓아가겠다고 작심했는지도 모른다. 무능한 녀석들에게 한 수 가르치기라도 하려는 듯 말이다. 여하튼 나는 꼭대기를 쏜살처럼 넘어가서 무리 한가운데로 뛰어들었다.

그들은 잠시 휴식을 갖고 있었던 모양이다. 그 사이에서 내가 폭탄처럼 터져버리자, 늑대들은 사방에 초고속으로 흩어졌다. 귀를 뒤로 젖히고 꼬리도 뒤쪽으로 쭉 뻗은 채 말이다. 그들은 겁을 집어먹고 달아난 것이다. 그들이 흩어져 있던 순록 떼 가운데로 질주하자 마침내 이 순록들은 반응을 보였다. 그날 오후 내내 봤으면 했던, 겁먹은 동물들이 우르르 달아나는 모습이 일종의 현실이 되었다. 그런데 그 원인은 알고 보니 씁쓸한 것이었지만, 늑대가 아니라 바로 나였던 것이다.

그제서야 나는 포기하고 집으로 돌아갔다. 캠프에서 아직 몇 마일 정도 떨어진 거리에서 내 쪽으로 달려오는 형체를 몇몇 볼 수 있었다. 곧 에스키모 여자와 세 아이임을 알 수 있었다. 그들은 겁에 질려 넋이 나간 듯해 보였다. 모두 비명을 지르고 있었으며, 여자는 2피트짜리 눈 칼(Snowknife: 에스키모들이 이글루 같은 눈 집을 만들기 위해 얼어붙은 눈을 자르는 칼 –옮긴이)을 흔들고 있었고 세 아이들은 순록사냥용 창과 가죽 벗기는 칼을 휘두르고 있었다.

나는 자못 놀라서 멈춰 섰다. 불쾌하게도 그때서야 나는 내 상태를 알게 되었다. 나는 무장해제한 상태일 뿐만 아니라 완전히 발가벗고 있었던 것이다. 공격을 물리칠 준비가 전혀 되어 있지 않았는데, 이제 막 하나가 닥친 것 같았다. 그러나 에스키모가 그렇게까지 심하게 나올 줄은 몰랐다. 아무래도 조심하는 것이 일종의 더 나은 용기인 듯하여, 나는 지친 근육을 쭉 뻗은 다음 전력 질주를 하여 에스키모 곁을 지나쳤다. 성공이었다. 그러나 그들은 여전히 포기하지 않아 캠프로 돌아오는 길 내내 추격은 계속되었다. 나는 급히 바지를 주워 입고 라이플을 거머쥔 다음 내 목숨을 값싸게 넘기지 않겠다는 각오로 그들을 경계했다. 다행히 그때 우텍과 남자들이 캠프에 돌아와서 분노에 찬 여자와 아이들이 나를 덮치려 할 때 제지시킬 수 있었다.

조금 지나서 사태가 안정되자 우텍이 상황을 설명했다. 아이들 중 하나가 딸기를 따다가 발가벗은 채 늑대를 쫓아 언덕을 넘어 질주하던 나를 보았다. 놀라서 눈이 휘둥그래진 이 아이는 서둘러서 엄마에게 본 대로 보고했다. 용감한 여인이었던 그녀는 내가 정신이 나간 것으로 판단했다. (에스키모는 백인이 이런 상태가 되는 일은 잘 없다고 믿는다.) 그래서 맨손에 알몸을 다 드러내놓고 늑대 한 무리를 공격하려 한다고 본 것이다. 그녀는 나름대로 자식들을 다 불러서 손에 닿는 무기란 무기는 다 챙겨 들고 전속력으로 나를 구하기 위해 나선 것이다.

우리가 머문 나머지 기간 동안 이 훌륭한 여인은 염려와 불신이 조심스럽게 섞인 태도로 나를 대했다. 그래서 헤어질 때 그녀에게 작별 인사를 하려고 해도 그녀가 한사코 마다하는 바람에 그냥 떠나야 했다. 강을 따라 내려가서 작은 캠프가 시야에서 완전히 사라졌을 때 우텍이 한 말도 내게 별로 유쾌한 것은 아니었다.

"참 안 된 일이야."

그가 진지하게 말했다.

"바지를 벗다니. 내 생각에 네가 제대로 입고 있었다면 그녀가 너를 더 좋게 생각했을 텐데 말이야."

길게 자라나는 벌레

나는 우텍에게 에스키모 캠프에서 본 늑대 무리가 한 이해할 수 없는 행동에 대해 물어보았다. 그는 특유의 침착하고 친절한 태도로 한 번 더 나를 바로잡아주기 위해 애썼다.

우선 그는 건강한 어른 순록이 늑대보다 더 빨리 달릴 수 있다고 했다. 그러니 심지어 난 지 3주 된 아기 순록도 가장 빠른 늑대를 따돌릴 수 있다는 것이었다. 그러므로 순록은 보통의 경우 늑대들을 두려워할 이유가 거의 없었다. 늑대도 이 사실을 너무나 잘 알고 있고 또 아주 영리해서 건강한 순록을 쫓으려는 생각은 좀처럼 하지 않았다. 그런 짓은 어리석은 낭비일 뿐임을 너무도 잘 알고 있었기 때문이다.

우텍의 말에 따르면, 그래서 늑대가 채택한 방법은 기준에 맞는 순록을 발견하기 위해 그들의 건강 상태와 일반적인 형편을 체계적으로 테스트하는 것이었다. 순록이 많을 때는 무리마다 쫓아가 봄으로써 이 테스트를 실시했다. 아프거나 상처를 입었거나, 또는 열 등한 순록이 있으면 드러날 만큼 길게 무리를 움직여보는 것이다. 그렇게 해서 약한 순록이 발각되면 늑대들은 둘러싸서 잡기를 시도했다. 물론 무리 중에 그런 순록이 없을 경우는 추격을 그치고 다른 무리를 쫓아갔다.

 순록이 귀할 때에는 다른 방법을 이용했다. 여러 늑대들이 일제히 움직여 작은 순록 무리를 몰아서 다른 늑대들이 매복하고 있는 곳으로 갔다. 순록이 심하게 모자랄 경우에는 이어달리기 방식을 이용하기도 했다. 늑대 하나가 순록을 몰아서 조금 떨어져 배치된 다른 하나에게 넘겨주면 그 늑대가 추격을 이어 맡아서 하는 릴레이 방식이다. 물론 이런 방식들이 늑대보다 잘 달린다는 순록의 자연적인 우월한 능력을 떨어뜨리기도 했지만, 추격하는 늑대에게 희생이 되는 순록은 대개 가장 약하거나 능력이 떨어지는 경우였다.

 "내가 너에게 전에 말한 대로야."

 우텍이 말했다.

 "순록이 늑대를 먹여 살려. 하지만 순록을 튼튼하게 만들어주는 건 늑대야. 늑대가 없다면 순록도 금방 없어져버릴 건 뻔한 사실이야. 나약함이 퍼져서 모두 죽을 테니까."

 우텍이 또한 강조한 사실은, 사냥에 일단 한 번 성공하고 나면 늑대들은 더 이상 살생을 하지 않는다는 점이었다. 먹이 공급이 완전히 끊어져 배고픔 때문에 다시 작업을 해야만 하는 경우가 아니라면 말이다.

늘대는 무엇이든 다 잡을 수 있을 뿐만 아니라 그칠 줄 모르는 피에 대한 굶주림에 따라 자기 영역 내에 든 것은 무엇이든지 도살한다고 믿어온 나 같은 사람에게 이런 사실들은 고상하게 여겨졌다.

그후 내가 계속해서 본 사냥 장면들은 거의 모두 처음 본 유형을 그대로 따랐다. 사냥에 나선 늘대들의 수는 하나에서 여덟까지 다양했으며, 그들은 흩어진 순록 무리 사이를 서둘러 달릴 것 없이 잰걸음으로 갔다. 순록들은 '불구대천의 원수'가 가까이 있음에도 거의 한결같이 개의치 않는 것 같았다. 아주 가끔 늘대 하나 내지는 두셋이 진군 행렬에서 벗어나 가까이 있는 순록을 향해 잠시 달려드는 경우가 있었다. 그러면 그 순록은 공격자들이 100야드 정도 거리 이내로 다가올 때까지 기다렸다가 고개를 휙 들어올리더니 경멸하듯 달아나버렸다. 그러면 늘대들은 멈춰 서서 순록이 가는 모습을 지켜보곤 했다. 그 순록이 잘 달리고 건강 상태가 양호하다는 것이 분명하면 더 이상 쳐다보지도 않았다.

테스트는 마구잡이가 아니라 분명한 선택의 유형이 있음을 알 수 있었다. 늘대가 굳이 으뜸가는 수컷 순록 무리를 공격하는 테스트를 하는 경우는 정말 거의 없었다. 최상의 상태에 있으면서 여름 내내 먹고 자는 일 외에 아무것도 하지 않는 이 수컷 순록들이 위험한 적이라서 그랬던 것은 아니었다. (커다랗게 펼쳐진 뿔은 무기로는 쓸모가 없었다.) 대신 그들과 격투를 벌일 가망이 없었기 때문이었고, 늑대도 그 사실을 잘 알고 있었다.

아기 순록과 함께 있는 암컷 순록 무리는 늑대에게 훨씬 더 흥미로운 대상이었다. 다치거나 기형이 있거나 열등한 개체가 있을 확률은 자연히 아기 순록들 사이에서 더 높았다. 그들은 오랜 기간의 혹독한 자연 선택을 아직 겪지 않았기 때문이다.

늙어서 새끼를 밸 수 없는 암컷 순록 그룹도 늑대가 좋아하는 테스트 목표물이었다. 가끔 이 늙고 약한 짐승들 중 일부는 으뜸가는 강건한 무리 한가운데에 숨어 있기도 했다. 그러나 순록을 자기들 자신만큼이나 친근하게 잘 아는 늑대들은 매번 그런 순록을 찾아내어, 내 눈에는 잡을 가망 없이 건강하고 활동적으로만 보이는 무리를 테스트하는 것이었다.

아기 순록에 대한 테스트는 이따금 어른보다 더 심하게 실시되었다. 그러나 아기 순록 하나를 200~300야드 정도 쫓아가다가 그 어린 것이 약하다거나 지친다는 표시를 내지 않으면 추격은 대개 중단되었다.

노력의 경제성은 늑대의 행동 강령 같아 보였는데 그것은 또한 탁월하게 사리에 맞는 것이기도 했다. 테스트 과정은 늑대들이 잡아도 될 만큼 충분히 허약한 순록을 하나 발견하기까지 대부분 몇 시간이 걸렸기 때문이다.

테스트 과정에서 목표가 될 만한 순록을 하나 발견하면 사냥은 새로운 전기를 맞는다. 공격하는 늑대는 기나긴 검색 기간 동안 아껴온 에너지를 무분별하다 싶게 써버린다. 힘과 스피드가 놀라울 정도로 급상승하며 먹이에게 달려들어 운이 좋으면 달아나는 순록 바로 뒤까지 쫓아가기도 한다. 마침내 겁에 질린 순록은 미친 듯이 날뛰며 지그재그로 달리기 시작했는데, 내 생각엔 어리석은 시도였다. 그렇게 하면 늑대가 지름길을 이용하여 간격을 더 빨리 좁힐 수 있었기 때문이다.

늑대 신화의 교리에 반하는 또 하나의 사실은 늑대가 순록의 뒷다리 오금의 힘줄을 끊어서 잡지 않았다는 점이다. 온 힘을 다해 다가간 늑대는 순록과 나란히 나아가다가 어깨를 덮쳤다. 그 충격은 보통 순록이 균형을 잃게 만들기 충분한 것이었다. 순록이 다시 일어나기 전에 늑대는 순록의 목덜미를 붙잡고 내리눌렀다. 마구 내리찍는 순록의 발굽을 조심스럽게 피하며 말이다. 그 정도의 가격이면 한 대만 맞아도 늑대의 흉곽이 캔디 부서지듯 움푹 꺼질 수 있기 때문이었다.

살생은 신속하면서도 대체로 깨끗하게 이루어졌다. 그래서 내 생각엔 순록이 느낀 고통이 인간의 식용 돼지가 도살될 때 겪는 것보다는 분명히 덜할 것 같았다.

늑대는 절대 재미로 죽이지 않는다. 아마 늑대와 사람을 가르는 중요한 차이점 중 하나일 것이다. 늑대에게는 큰 사냥감 동물을 하나 잡아서 죽이는 일이 힘든 작업이다. 성공하기 위해 밤새 사냥을 하며 일대를 50~60마일씩이나 답파하기도 한다. 늑대에게 이 일은 사업이나 직업 같아서 일단 자신과 가족을 위해 충분한 고기를 얻고 나면 나머지 시간은 쉬고, 사귀고, 노는 데 바치기를 더 좋아한다.

또 하나의 몰이해와는 반대로 나는 늑대가 필요 이상으로 살생을 한다는 타당한 증거를 발견하지 못했다. 드물지만 그렇게 할 수 있는 기회가 있는데도 말이다. 굴 생활을 하는 계절에 행한 살생의 현장에는 마지막 고기 한 점을 다 떼낼 때까지 몇 번이고 다시 찾아갔다. 흔히 갈매기나 갈까마귀나 여우나 그밖의 (썩은 고기를 먹는) 청소부들이 많을 때면, 순록의 몸통을 나눈 다음 잡은 현장에서 상당히 멀리 떨어진 곳까지 가지고 가서 묻어두었다. 자기들만 쓰기 위한 보관용이었던 것이다. 계절이 끝날 무렵 온 가족이 함께 자유로이 영토를 돌아다닐 때에는, 살생 현장마다 캠프를 차리고 잡은 먹이를 완전히 다 소비할 때까지 머물렀다.

늑대가 잡아서 완전히 다 먹고 난 순록 67마리를 조사해본 결과 남은 것은 뼈, 인대, 털, 노폐물을 빼고 나면 거의 없었다. 대부분의 경우 긴 뼈도 골수를 먹기 위해 부숴져 있었다. 늑대라고 해도 만만치 않았을 일이지만 두개골을 갉아서 열어놓은 경우조차 있었다.

또 하나 흥미로운 점은 이들 대부분의 몸통에서 남은 것들을 살펴보니 질병이나 심각한 쇠약의 증거가 있더라는 사실이다. 뼈의 기형, 특히 두개골의 괴사(壞死: Necrosis, 생체 세포·조직의 일부가 죽거나 죽어가는 상태 –옮긴이)에 의한 기형이 일반적이었다. 그리고 두 개골에 달린 이빨이 닳은 정도로 봐서, 순록들이 늙고 병든 것이었음을 알 수 있었다. 갓 잡은 몸통을 바로 조사할 수 있는 현장은 좀처럼 기회가 오지 않았다. 하지만 몇 번은 늑대가 순록을 잡자마자 다가간 경우도 있었다. 변명의 여지없이 뻔뻔스럽게 늑대들을 쉬이 하고 쫓아버리고서 말이다. 그들은 아쉬워하면서도 겁을 적당히 먹고 물러났다. 이들 순록 중 몇몇은 안팎으로 기생충이 심하게 들끓어서 언제 죽을 줄 모르고 걸어다니는 불쌍한 순회동물원용 짐승 같았다.

계절의 끝을 향해 몇 주가 지나가자 우텍의 주장은 타당성이 점점 더 명확해졌다. 순록을 파괴한다기보다 보존하는 일에 늑대가 절대적으로 중요한 역할을 한다는 사실은, 나에게 더 이상 이론의 여지가 없어 보였다. 그것이 내 상관들에게도 똑같이 비쳐질지는 절대 확신할 수 없었지만 말이다. 그들을 확신시키기 위해서는 압도적인 증거가 필요했다. 그것도 되도록이면 확실하게 구체적인 성격으로 말이다.

이런 점을 염두에 두고 나는 늑대가 잡은 순록에게서 발견된 기생충을 수집하기 시작했다. 평소처럼 우텍은 내 작업의 새로운 양상에 대해 날카로운 관심을 보였다. 하지만 이번은 일시적인 것이었다.

예부터 줄곧 그의 종족은 순록을 먹고 살아왔다. 연료가 부족했으니 고기를 주로 날것째가 아니면 살짝만 익혀서 먹었다. 우텍 자신도 이유식으로 엄마가 먼저 씹다가 주는 순록고기를 먹으며 자랐다. 순록고기는 엄마의 젖을 뗀 이후부터 그의 주식이 되었다. 그리하여 이 고기를 당연한 것으로 받아들였기 때문에 그는 일용 양식을 분석적인 눈으로 들여다볼 생각은 전혀 하지 못했다. 내가 다양한 방법으로 순록을 해부한 여러 부위에서 수많은 벌레와 낭포(囊胞: Cyst, 장기 조직 안에 자루 모양의 내벽이 생겨 그 속에 액체가 차는 병적 생산물 -옮긴이)를 끄집어내자 그는 상당히 놀랐다.

어느 아침 그는 우울한 듯 넋이 나가서, 내가 유달리 기생충이 우글거리는 어느 늙은 수컷 순록을 절개하는 모습을 보고 있었다. 나는 그가 내 연구의 성격을 이해하기를 바라는 마음에서 항상 내가 무슨 일을 하고 있는지 그에게 설명해주려고 애써왔다. 이번은 기생이라는 주제에 대하여 그에게 요약해주기가 그 어느 때보다 좋은 기회 같았다. 순록의 간에서 골프공만한 방광 낭포를 꺼내 들고는 그것이 활동하지 않는 상태의 촌충(寸蟲)이라고 설명했다. 그리고 육식동물에게 먹히면 새 숙주의 장에서 야무지게 똘똘 감긴 모양이 되면서, 마침내는 길이 30피트 가량의 몇 가지 분절된 생물로 자라난다고도 했다.

우텍은 고통스러운 표정을 짓고 있었다.

"늑대가 그걸 먹을 때도 그렇다고?"

그는 미덥지 않다는 듯 물었다.

"나악"(Nahk, 물론 -옮긴이)

나는 늘고 있는 내 에스키모 어휘를 최대한 활용하여 대답했다.

"여우, 늑대, 심지어 사람도 마찬가지야. 어디 속에서든 잘 자라지. 특히 사람 속에서는 가장 잘 자라고 말이야."

우텍은 부르르 떨며 배가 가렵기라도 하듯이 긁기 시작했다.

"그래도 내가 간을 좋아하지 않아서 다행이야."

그는 이 사실을 기억해내서 크게 위안이 된다는 듯 말했다.

"음, 이 벌레들은 순록의 몸 전체에서 발견되는 것들이야."

문외한을 깨우쳐주는 전문가의 열의를 갖고 내가 설명했다.

"자, 봐. 여기 이 엉덩이 살의 반점 보이지? 백인들이 '홍역 걸린 고기'라고 부르는 거야. 이것들은 다른 종류의 벌레가 휴면하고 있는 상태지. 그게 사람 몸에서도 자라는지는 나도 확실히 모르겠어. 하지만 이건……."

여기서 나는 해부한 허파에서 솜씨 좋게 실처럼 길다란 선충(線蟲)을 몇 마리 끄집어냈다.

"……이건 사람 몸에서도 발견되기도 해. 사실 어느 정도만 둬버리면 아주 잠깐 동안에 사람 하나를 숨 막혀 죽게 할 수도 있지."

갑자기 우텍이 경련을 일으키듯 기침을 했다. 그의 적갈색 얼굴 피부가 다시 창백해졌다.

"그 정도면 충분해."

숨을 다시 돌린 뒤 그가 부탁했다.

"됐으니 이제 그만. 나는 이제 캠프로 돌아가서 여러 가지를 깊이 생각해본 다음 네가 한 말은 다 잊기로 했어. 너는 별로 도움이 되지 않는 친구야. 그 말이 다 사실이면 나는 수달처럼 물고기만 먹고 살아야 할 거야. 솔직히 다 백인들이 하는 농담이지?"

그의 질문에 깃든 처연한 희망의 음조 때문에 나는 교수가 된 듯한 최면 상태에서 깨어나 뒤늦게 내가 그에게 무슨 짓을 하고 있는지 알게 되었다.

나는 약간 어색하긴 했지만 웃으며 말했다.

"이이마(eema, 아니야 -옮긴이), 우텍. 다 농담이야, 농담. 이제 캠프로 돌아가서 저녁으로 큼직한 스테이크를 만들어줘."

그리고 나도 모르게 간청하는 것도 잊지 않았다.

"진짜 맛있게 하는 거 잊지 말고!"

꼬마들의 행복한 수업

9월 중순경 툰드라 평원은 은은한 황갈색과 적갈색 빛을 띠며 희미하게 빛나고 있었다. 야트막한 관목 숲의 지표면에는 이른 서리가 내려 있었다. '울프 하우스 만' 주변의 소택(沼澤) 가득한 목초지에는 남쪽으로 이동하는 순록 떼가 만든 새 길이 이리저리 나 있었다. 그만큼 늑대들의 생활 패턴도 다시 바뀌었다.

꼬마들은 여름 굴을 떠나서, 앤젤린과 두 수컷을 따라 먼 사냥길을 갈 만큼은 아니었어도 짧은 원정은 함께 갈 수 있었고 실제로 가기도 했다. 그들은 주변 세계를 탐험하기 시작했으니, 그 가을의 몇 달이 그들 삶에서 가장 행복한 시절이었으리라.

우텍과 내가 중앙 평원 지대를 가로지르는 여행을 마치고 '울프 하우스 만'에 돌아와보니, 우리의 늑대 가족은 자기 영토를 두루 돌아다니며 사냥이 가능한 곳이면 어디서든 며칠씩을 지내고 있었다.

내 신체적 역량과 인간적 필요 때문에 오는 한계 내에서, 나는 그들의 떠돌이 생활을 함께하려고 노력했으며 나 또한 그 생활을 무척이나 즐겼다. 파리 떼는 모두 사라졌다. 밤에는 서리가 내리기도 했지만 낮에는 밝은 햇살을 받아 대체로 따뜻했다.

그렇게 따뜻하고 햇살 가득한 어느 날, 나는 굴이 있는 에스커로부터 거대한 계곡이 내려다보이는 어느 산맥의 정상을 따라 북쪽으로 나아갔다. 계곡은 풀이 많았고 순록들이 남쪽으로 가기 위해 애용하는 주요 통로이기도 했다.

계곡 위의 창백한 하늘은 검은 반점들이 그을린 듯 얼룩져 있었다. 순록 떼를 쫓아다니는 갈까마귀 떼였다. 들꿩과(科) 새들이 키 작은 난장이 관목 덤불에서 나에게 딱딱 소리를 질렀다. 바다꿩 무리들이 먼 곳으로 떠날 채비를 다 마친 듯 툰드라 호수 위를 맴돌고 있었다.

내 아래 펼쳐진 계곡에서는 순록들의 흐름이 느릿하게 나아가고 있었다. 풀을 뜯으며 남쪽으로 가고 있는 이들은 무리에 무리가 이어져 있었다. 의식하지는 않았겠지만 이들은 우리가 지식이 무엇인지 알기도 전부터 이미 오랫동안 있어온 앎의 인도를 직접 받아서 길을 가고 있었던 것이다.

굴이 있는 에스커로부터 몇 마일 떨어진 데에서 나는 계곡을 내려다볼 수 있는 높은 절벽 정상의 움푹한 곳을 발견했다. 여기서 나는 편안히 자세를 잡았다. 거칠지만 햇살에 따스하게 데워진 바위에 등을 기대고 무릎은 턱 아래로 당겨 앉아, 아래에서 살아 움직이는 생명의 흐름에 쌍안경을 들이대고 있었다.

늑대가 나타나기를 바라고 있었더니, 그들은 나를 실망시키지 않았다. 한낮이 되기 직전, 북쪽으로 가로질러 난 등성이의 정상에 둘이 나타났다. 잠시 후 어른 둘과 네 꼬마들이 나타났다. 신나게 조금 뛰어놀고, 꽤 많이 코를 훌금거리며 꼬리를 흔들더니 대부분이 드러누워 편안히 쉬었다. 나머지는 느긋하게 앉아서 수백 피트 밖에 떨어지지 않은 좌우로 순록의 흐름이 지나가는 모양을 지켜보고 있었다.

앤젤린과 조지는 쉽게 알아볼 수 있었다. 나머지 어른 둘 중 하나는 앨버트 아저씨 같아 보였다. 그런데 넷째인 늘씬한 진회색 동물은 낯설어 보였다. 나는 그가 누구이며 어디서 왔는지 전혀 알 수 없었다. 그러나 내가 그곳에 머물던 나머지 시간 내내 그는 이들과 함께 지냈다.

이 늑대들 중에서, 아니면 사실 순록과 나를 포함하여 눈에 띄는 모든 동물들 중에서, 움직이고 싶어하는 이는 조지뿐인 듯했다. 나머지는 모두 햇살 아래에 주욱 펴고 누워 지극히 황홀한 상태를 즐기고 있거나, 아니면 멍하니 이끼류를 뜯고 있었다. 그러는 사이 조지는 등성이의 고갯마루를 따라 안절부절못하며 오가고 있었다. 한두 번은 앤젤린 앞에 멈췄으나, 그녀는 관심이 없다는 듯 몇 번 꼬리를 게을리 들썩일 뿐이었다.

나는 순록 암컷 하나가 풀을 뜯으며 늑대들이 쉬고 있는 둥성이 쪽으로 나아가고 있는 모습을 졸린 듯 바라보았다. 이 암컷은 이끼류가 풍부한 장소를 발견한 것이 분명했다. 늑대를 분명히 봤으면서도 계속 그쪽으로 풀을 뜯으며 나아가서, 늑대 꼬마 하나와의 거리가 채 20야드가 안 될 정도로 가까워졌다. 재미있게도 이 꼬마는 순록을 유심히 보더니, 일어나서 자기 어깨 너머로 나머지 식구들이 무얼 하고 있는지 쳐다보았다. 그러더니 돌아서서 꼬리를 거의 다리 사이에 감추듯이 하여 살금살금 가족들이 있는 쪽으로 도망을 갔다.

안달이 나 있던 조지도 슬며시 순록에게 다가가며 코를 쑥 내밀어 냄새를 맡으면서도, 순록의 태연함을 방해하려는 것 같지는 않았다. 커다란 늑대 수컷으로서 순록의 무관심에 자존심이 상하기라도 한 듯 슬쩍 공격하는 시늉을 할 때까지는 말이다. 그러자 순록은 고개를 높이 쳐들더니 볼품없는 다리로 돌아서서는 당당하게 둥성이를 걸어 내려갔다. 무서워서라기보다는 꼭 화가 난 듯한 표정이었다.

시간은 흘러갔고 순록도 강처럼 계속 흘렀다. 나는 암컷 순록과 늑대들이 벌인 이 짧은 막간극 이상으로 더 재미있는 무언가를 기대하지는 않았다. 늑대들이 이미 배를 채운 뒤 식사 후에 흔히 있는 낮잠을 즐기고 있다고 생각했기 때문이다. 그런데 내가 틀렸다. 조지는 무언가 다른 생각을 하고 있었기 때문이다.

그는 세번째로 앤젤린에게 다가갔다. 앤젤린은 옆으로 쭉 펴고 누워 있었다. 조지는 이번에는 그녀에게 단호했다. 그가 무슨 말을 했는지 나로서는 알 수 없다. 그러나 그가 옳은 소리를 한 것은 분명한 듯했다. 그녀가 서둘러 일어나서 몸을 털더니, 붙임성 있게 그를 따라나섰기 때문이다. 그는 잠이 든 양 가만히 앉아 있는 앨버트 아저씨와 낯선 이에게 다가가 코를 들이밀고 있었다. 둘 다 이야기를 듣더니 일어났다. 대충 원을 그린 다음 넷은 모두 고개를 들고 목청을 돋우기 시작했다. 정확히 굴이 있던 에스커에서 사냥을 나가기 전에 하던 그대로였다.

나는 그들이 하루 중 그토록 이른 시간에 사냥을 준비하는 모습을 보고 놀랐다. 그런데 더 놀라운 점은 늑대의 합창에 대한 순록 측의 무관심이었다. 그 소리를 들은 순록 중에 굳이 고개를 드는 경우는 거의 없었다. 그나마 고개를 든 몇몇도 잠시 덤덤한 시선을 등성이 쪽으로 던지다 말고는, 다시 차분히 풀을 뜯기 시작했다. 나는 그 문제를 곰곰이 생각해볼 겨를이 없었다. 앤젤린과 앨버트와 낯선 이가 어디론가 막 출발했기 때문이다. 꼬마들은 정상에 시무룩하게 일렬로 앉아 있었고, 조지는 그 바로 앞에 서 있었다. 꼬마들 중 하나가 세 어른을 따라나서려고 하자 조지가 녀석을 혼내주려 했다. 그러자 녀석은 잽싸게 형제자매들이 있는 자리로 되돌아갔다.

간간히 미풍이 남쪽에서 불어오고 있었고, 세 늑대는 바짝 붙은 채 맞바람을 안고서 떠났다. 툰드라 평지에 이르자 그들은 갑자기 빨리 걷기 시작했다. 차례로 줄을 지어 서두르지 않고 걸었지만 순록 무리들 사이를 수월하게 빠져나갔다. 여느 때처럼 순록들은 놀라지 않았으며, 늑대들과의 충돌 위험이 생기는 경우가 아니면 아무도 피하는 자세를 취하지 않았다.

세 늑대도 순록들에게 관심을 보이지 않기는 마찬가지였다. 새끼들이 여럿 있는 작은 무리를 몇 번이나 지나가면서도 말이다. 그들은 이들 무리를 테스트하듯 쫓아가는 일을 하지 않았다. 대신 내가 앉아 있던 움푹한 곳과 옆으로 나란해질 만큼 올 때까지 뚜렷한 목적이 있다는 듯 계속해서 전진했다. 이 지점에서 앤젤린이 멈추어 앉자 나머지 둘도 그녀를 따랐다. 냄새를 더 맡더니 앤젤린이 일어나 조지와 꼬마들이 아직 앉아 있던 등성이 쪽으로 돌아섰다.

이 두 늑대 그룹 사이에는 순록이 적어도 200마리는 있었고, 가로지르는 등성이의 동쪽으로 점점 더 많은 숫자가 눈에 띄기 시작했다. 앤젤린의 시선이 그들 모두를 훑는 것 같더니, 곧 그녀와 두 동료는 다시 이동하기 시작했다. 옆으로 퍼져 나란히 대형을 이루며 수백 야드의 간격을 두고 서서, 계곡의 전체 폭을 다 차지하며 북쪽으로 달리기 시작했다.

빨리 달리지는 않았지만 그들의 행동에는 순록들도 알아차린 듯한 어떤 새로운 목적이 있어 보였다. 아니면 단지 늑대가 대열을 짜 움직였기 때문에 순록들이 평상시처럼 한 켠으로 물러나며 피하기가 힘들어서 그랬는지도 모른다. 이유야 어떻든 순록 떼도 무리

별로 돌아서서 북쪽으로 가기 시작했다. 그리하여 계곡에 있던 순록 거의 모두가 이끌려서 오던 길로 되돌아가게 된 것이다.

순록들은 마지못해 끌려가는 것이 분명했다. 그래서 몇몇 무리는 작정을 하고 행렬을 거슬러 가려 했다. 그러나 매번 가까이 있던 두 늑대가 한데 모이며 저항하는 순록에게 다가가 억지로 다시 북쪽으로 가도록 했다. 그렇다 하더라도 세 늑대가 계곡의 폭을 다 감당할 수는 없었다. 순록들은 곧 트인 양쪽 끝을 빙 돌아가면 남쪽으로 다시 갈 수 있다는 사실을 알게 되었다. 그렇게 해서 빠져나간 숫자에도 불구하고 늑대들이 등성이 근처까지 왔을 때 그들이 몰던 순록은 적어도 100마리는 되었다.

이제 처음으로 순록은 진짜 난처하다는 표시를 보였다. 100여 마리가 되는 동물들이 견고하게 한 덩어리를 이루고 있다가 갑자기 적은 수의 그룹으로 나누어졌다. 그리고는 그룹별로 진로를 택하여 질주하기 시작했다. 그룹마다 곁으로 새어나가기 시작했는데, 늑대들은 더 이상 막으려 들지 않았다. 늑대들이 이들 작은 순록 그룹을 달려서 지나갈 때마다, 순록들은 멈추고 돌아서서 잠시 쳐다본 다음 중단되었던 남쪽 여행을 계속했다.

나는 늑대들이 무슨 일을 하려는 건지 점점 이해할 수 있게 되었다. 그들은 이제 암컷 열두 마리와 새끼 일곱으로 된 어느 그룹에 노력을 집중하고 있었다. 그리하여 이 작은 무리는 왼쪽이나 오른쪽으로 방향을 틀려고 시도할 때마다 즉각 제지당하고 말았다. 조금 있다가 순록들은 그런 시도는 포기하고서 추격자들을 정면으로 돌파하여 따돌리기로 마음먹었다.

그렇게 했으면 좋았겠지만, 그들이 버드나무 덤불을 휙 지나갈 때 등성이 양쪽 끝에서 늑대들이 홍수처럼 밀려나와 측면을 공격하는 것처럼 보였다.

거리가 멀어져버려 장면들을 자세히 보지는 못했지만, 조지가 두 아기 순록을 데리고 가는 암컷 순록을 덮치는 모습은 볼 수 있었다. 그리고 그들에게 다가갔을 때 그가 젖히고 나아가는 모습도 보았다. 그의 옆으로는 꼬마 둘이 회색빛 총알처럼 스쳐가고 있었다. 둘은 가장 가까이에 있는 아기 순록 두 마리를 잡으려 했지만 순록들은 날쌔게 피했다. 꼬마 중 하나는 너무 급하게 방향을 틀다가 균형을 잃어 나자빠지고 말았다. 그래도 금방 일어나더니 다시 기회를 노렸다.

다른 꼬마 둘은 남은 순록들과 뒤섞여버린 듯하여 무얼 하고 있는지 알 수가 없었다. 그러다 순록 무리가 전속력으로 달려 앞서나가자 두 꼬마가 뒤에 나타났다. 열심히 쫓아가고 있었지만 도저히 따라잡을 수는 없었다.

그러다 어느새 추격자들은 아기 순록 하나를 동시에 쫓아가기 시작했다. 네 꼬마 모두 젖 먹던 힘을 다해 여전히 달리고 있었지만 어느 순록 하나도 따라잡을 기회는 더 이상 오지 않았다.

어른 늑대들은 무얼 하고 있었을까? 쌍안경을 뒤로 돌려 찾아보니 조지는 내가 마지막으로 본 장소에 그대로 서 있었다. 추격이 진행되는 상황을 지켜보며 꼬리를 천천히 흔들고 있었다. 나머지 셋은 그때쯤 등성이 정상으로 되돌아가 있었다. 앨버트와 낯선 이는 잠시 숨을 돌리느라 누워서 쉬고 있었고, 앤젤린은 서서 빠르게 달아나는 순록을 바라보고 있었다.

꼬마들이 돌아오기까지는 반 시간이 걸렸다. 너무 지친 그들은, 이제는 모두 드러누워 쉬고 있는 어른들과 합류하기 위해 등성이를 오를 힘도 거의 남아 있지 않았다. 꼬마들은 합류하자마자 풀썩 주저앉아 가쁜 숨을 몰아쉬었다. 한데 그런다고 관심을 가져주는 어른은 아무도 없었다.

그날 수업은 그렇게 끝이 났다.

분변학과 놀란 에스키모들

9월에서 10월로 훌쩍 넘어가 백야가 계속되면서 소택지가 굳어지고 호수 표면이 얇은 얼음으로 덮일 때였다. 나는 반쯤 늑대의 삶을 만끽하며 모든 시간을 야외에서 보내면 좋겠다는 생각을 했다. 그러나 늑대의 자유를 누릴 수는 없었다. 오두막에는 자잘하게 밀린 연구 주문이 엄청나게 쌓여 내 손길을 기다리고 있었다. 살아 있는 늑대를 관찰하는 데 시간을 써야 한다는 원칙(내 상관이 아니라 나의)에 따라, 나는 오타와에서 정해준 어마어마한 부수적 연구거리들을 애써 외면했다. 이제 시간이 촉박해지자 나는 적어도 권위에 순응하는 시늉이라도 해야 할 필요를 느꼈다.

나에게 부과된 곁들이 중 하나는 식생(植生)에 대한 연구였다. 그것은 세 가지로 나뉘어져 있었다. 먼저 나는 이곳의 모든 식물종을 채집해야 했다. 그리고 나서는 여러 식물들 상호간의 비율을 구하기 위해 '분포 정도' 연구를 해야 했다. 마지막으로 순록의 입장에서 본 식생의 영양가를 알아내기 위해 '내용 분석'을 하게 되어 있었다.

이 모든 것들을 다 할 시간은 없었기에 '분포 정도' 연구에만 매달리는 것으로 타협을 해야 했다.

이 연구를 하기 위해서는 '라운키에르(Christen Raunkiaer: 1860~1938, 식물의 생활형을 겨울눈의 위치에 따라 분류한 덴마크의 식물 생태학자 -옮긴이)의 고리'라는 끔찍하게 생겨 먹은 도구를 이용해야 했다. 보기에는 그저 단순 소박하여서 커다란 굴렁쇠로만 보였다. 그러나 막상 사용하자니 멀쩡한 사람을 미치게 만들어버리는 악마의 기계장치였다. 사용하기 위해 연구자는 소택지가 펼쳐진 곳에 서서 눈을 감은 채, 팽이처럼 몇 번을 빙글빙글 돌아서 고리를 최대한 멀리 내던져야 했다. 이 복잡한 절차는 던지는 행위가 확실히 '무작위'가 되도록 하기 위해 고안된 것이다. 그런데 그대로 하다 보면 고리가 어디로 날아가버렸는지 전혀 알 수 없게 되는 일이 반드시 일어났다. 그러면 이 물건을 찾기 위해 터무니없이 오랜 시간을 보내야 했다.

고리를 일단 발견하고 나면 진짜 고난이 시작되었다. 아무리 작더라도 고리의 범위 안에 들어 있는 식물들이면 모조리 다 뽑아야 했던 것이다. 그래서 식별을 한 다음 종의 수를 다 세어야 했다. 그리고는 각 종에 속하는 개체 수까지 다 세어야 했다.

쉬울 것 같은가? 그렇지가 않다. 불모지대의 식물들은 어떤 경우든 크기가 작으며, 상당수는 거의 현미경에 의존해야 할 정도다. 고리를 이용해서 시도한 일을 처음으로 하는 데는 거의 하루가 걸렸다. 극심한 눈의 피로가 찾아왔고, 결국에는 허리에 발작이 왔다. 족집게로 작은 식물들을 뽑느라 너무 오랫동안 고리 위로 치매에 걸린 토끼처럼 웅크리고 앉아 있은 결과였다.

나는 우텍을 말려서 내 라운키에르 원정에 동행하지 않도록 했다. 단지 이것이 다 무엇을 하는 일인지를 설명할 자신이 없었기 때문이다. 그런데 내가 3일째 고문을 당하고 있을 때, 그가 가까운 등성이 위로 나타나더니 좋아라 하며 나를 급습했다. 그러나 그를 맞이하는 나의 인사는 쌀쌀맞았다. 내 혈관에는 인간의 친절이라는 수액(樹液)이 흐를 여유가 전혀 없는 상태였기 때문이다. 나는 고통스럽게 몸을 일으켜서 고리를 집어든 후 다시 투척을 했다. 그는 이 모양을 흥미롭게 지켜보고 있었다.

고리는 멀리 날아가지 못했다. 나는 지치고 낙담한 상태여서 더 이상 힘이 남아 있지 않았던 것이다.

"슈위아낙!(shweeanak), 안됐군 그래."

우텍이 얕보는 투로 말했다.

"젠장!"

골이 난 내가 외쳤다.

"어디 넌 얼마나 잘하는지 한번 보자!"

지금 생각해보면 그 순간에 내 수호천사가 그런 시합을 귀띔해준 것 같았다. 우텍은 일종의 우월감을 표시하며 히죽 웃더니 고리를 집어들었다. 원반던지기 선수처럼 팔을 휘둘러서 뒤로 젖히더니 고리를 날려버렸다. 고리는 꿩처럼 날아오르더니 탄도(彈道)의 정점에 이르러 햇살을 받아 눈부시게 빛나다가, 근처의 툰드라 연못 위로 가뿐한 비행을 하더니 한 번 튀기는 소리도 없이 물속으로 날아들어가 영영 사라지고 말았다.

우텍은 깊이 후회하는 표정이었다. 내 분노가 폭발하기를 기다리는 동안 그의 얼굴은 염려로 점점 굳어갔다. 내 생각에 그는 내가 왜 자기를 얼싸안으며 인디언식 지그 춤을 흥겹게 몇 스텝 밟게 했는지 절대 이해하지 못했을 것이다. 또 오두막으로 데려가 마지막 남은 귀한 늑대주스를 따서 함께 마신 이유도 몰랐을 것이다. 하지만 이 일로 그는 백인이 하는 짓들이란 참으로 불가사의하다는 확신을 분명히 굳혔을 것이다.

식물 연구가 그렇게 느닷없이 끝나버리자 나는 또 하나의 역겨운 의무와 맞닥뜨리게 되었다. 분변학 연구를 끝내는 일이었다.

오타와에서는 분변학의 중요성을 강조하여, 내 시간의 일부를 늑대의 대변을 채집하여 분석하는 데 쓰도록 명령했다. 이 임무가 그다지 근사한 것은 아니었지만 나는 불모지대를 다니며 대변을 발견할 때마다 대강은 챙겨두었다. 길다란 집게를 이용하여 발견한 것들을 모아서 작은 캔버스 천 가방에다 보관해두었던 것이다. 가방마다 표본 주인의 대략적 연령과 언제 어디서 채집했는지를 적은 꼬리표를 붙여두는 일도 잊지 않았다. 나는 이 작은 가방들을 오두막의 내 침상 밑에다 보관했다. 9월 말이 되자 모아둔 채집물 가방이 엄청나게 쌓여서 도저히 더 들어갈 자리가 없어졌다. 바닥까지 삐져나와 발에 밟히기까지 했던 것이다.

이러한 여러 가지 이유 때문에 나는 내 채집물 분석에 착수하고 싶어졌다. 그리고 내가 무슨 일을 하고 있는지 우텍과 마이크가 알게 되었을 경우, 그들이 지을 만한 표정을 미리 그려보니 그것도 재미있을 것 같았다. 나는 대변 채집 활동을 비밀리에 해나갔었다. 그리고 마이크와 우텍은 내 작은 가방들 속에 든 내용들이 궁금하더라도 예의상(아니면 또 무슨 이상한 이야기를 듣게 되는 것이 너무 두려워서) 더 물어보지 않았다. 그들이 내 직업상 임무의 기이함에 대해 온당하게 관대해진다 하더라도, 그들을 너무 시험하고 싶지는 않았다. 그래서 분석 작업을 계속 미루어왔던 것이다. 그러던 어느 10월의 아침, 마이크와 우텍이 함께 순록 사냥을 떠나자 나는 홀로 오두막을 차지하게 되었다. 혼자라서 충분히 안전하다고 느꼈기에 나는 그리 유쾌하지 않은 내 과업에 손을 댈 준비를 했다.

공기 중에 노출시켜 오랫동안 보관해온 탓에 대변은 돌처럼 딱딱하게 변해 있었다. 작업을 하기 위해서는 부드럽게 만들 필요가 있었다. 그래서 나는 어렵사리 그것들을 강둑으로 끌고 내려가 물을 가득 채운 양철 들통 두 개에다 푹 담갔다. 연화(軟化) 작용이 진행되는 동안 나는 여러 도구와 공책과 기타 장비들을 널따란 바위 위에 널어 햇볕과 솔솔 부는 바람을 쐬도록 했다. 내 앞에 펼쳐진 이 과업은 구속이 없는 환경에서 가장 잘 이루어질 수 있다는 생각이 들었다.

다음 단계는 방독면을 쓰는 것이었다. 재미있게 하자고 이런 사실을 기록하는 것은 아니다. 나는 방독면과 함께 최루탄을 지급받았다. 늑대들을 굴에서 쫓아내어 사살한 다음 부검 표본으로 쓰기 위해서였다. 애초부터 나는 그런 비열한 짓은 하려고 하지 않았다. 늑대들에 대해 알게 되어 그들을 친구로 존중하게 되기 전부터 말이다. 나는 그 소폭탄들을 오래 전에 호수에다 처박아버렸다. 하지만 방독면은 계속 가지고 있었다. 방독면이 유용한 것은 늑대의 대변이 이따금 특별히 유해한 기생충의 알을 함유하기 때문이었다. 사람이 그것을 들이마시면 알이 부화하여 작은 벌레가 되고, 사람의 뇌까지 이동하여 낭포(囊胞)를 형성한다. 그리하여 종종 스스로와 숙주 모두에게 치명적인 결과를 가져오기도 했던 것이다.

들통에 든 대변이 충분히 부드러워진 것을 확인한 뒤, 나는 방독면을 쓰고 오두막에서 빌려온 하얀 에나멜 접시에다 대변 하나를 올려놓았다. 그리고 집게와 외과용 메스를 이용하여 그것을 해부하기 시작했다. 돋보기를 이용하여 성분을 식별한 뒤 그 내용을 기록부에다 적었다.

고되기는 했지만 재미가 아주 없는 일은 아니었다. 사실 나는 금방 일에 파묻혀서 주변이 어떻게 돌아가는지 전혀 느끼지 못하고 있었던 것이다.

그랬으니 한두 시간 후 일어나서 근육을 펴주고 무심결에 오두막 쪽을 바라보다가 소스라치게 놀란 것은 당연했다. 여남은 명은 되어 보이는 낯선 에스키모가 반원형으로 나를 둘러싸고 있었던 것이다. 그들은 혐오와 불신이 뒤섞인 표정으로 나를 바라보고 있었다.

난감한 순간이었다. 나는 너무 놀라서 방독면을 잊고 있었다. 그 괴상망측한 주둥이와 퉁방울 눈을 말이다. 이 낯선 사람들에게 인사를 하다 보니 내 목소리는 2인치 두께의 목탄 필터와 1피트 길이의 고무관을 통과하며 걸러져서 풀이 죽고 애처로운 음색을 냈다. 무덤을 쓸고 지나가는 바람 같은 효과를 내어서 에스키모들을 겁에 질리게 했다.

실수를 만회하기 위해서 나는 즉각 방독면을 벗어던지고 힘차게 앞으로 나아갔다. 그러자 에스키모들은 뮤지컬 코미디의 합창대처럼 일제히 성큼 뒤로 물러났다. 여전히 얼굴 가득 갖은 추측을 하면서 나를 빤히 쳐다보고 있었다.

선의를 가지고 있음을 보여주고 싶은 나머지 나는 최대한 크게 미소를 지었다. 그러나 이빨을 다 드러낸 내 미소는 분명히 섬뜩한 웃음으로 비쳐졌을 것이다. 내 방문객들의 반응은 1~2야드 더 뒤로 물러나는 것이었다. 그 중 몇몇의 시선은 내 오른손에서 빛나고 있던 외과용 메스로 옮겨가며 염려를 나타내고 있었다.

그들은 확실히 달아날 준비가 되어 있었다. 그래서 나는 이누이트 말 몇 마디를 기억해내어 어느 정도 공식적인 환영의 표현을 불쑥 던짐으로써 아슬아슬한 상황을 모면할 수 있었다. 한참을 가만 있더니 한 사람이 주저하며 대답을 했다. 그리고 모두 방울뱀 앞에 선 닭 무리처럼 나를 바라보던 시선을 점점 거두었다.

우리들 사이에 어떤 영적 교감이 있었던 것은 아니지만 뒤이은 과장된 대화에서 이들이 우텍의 부족 사람들이라는 사실을 알 수 있었다. 그들은 여름을 동쪽 먼 곳에서 보내다가 방금 본거지로 돌아왔다. 그리고 마이크의 오두막에 묵고 있는 이상한 백인의 존재에 대해 듣게 되었다. 그러자 그들은 직접 찾아와서 사실을 눈으로 확인하고 싶어졌던 것이다. 한데 막상 와서 그들의 눈에 처음 띤 광경이 들었던 바와 너무 달라서 당혹스러웠던 것이다.

대화를 나누는 동안 나는 아이들과 어른 몇몇이 대변이 든 들통과 에나멜 접시에 은근히 눈이 가 있는 모습을 보았다. 털과 쥐의 뼈가 뒤섞여 있는 것이 눈에 띄었던 것이다. 다른 사람들의 눈에는 이것이 단순한 호기심으로만 비쳤을 것이다. 그러나 나는 그간 에스키모와 충분한 시간을 보냈기 때문에 그들의 마음이 어딘가 뒤틀리고 있음을 바로 알아차릴 수 있었다. 나는 그들의 관심을 멀리서 오느라 지금 배가 고프고 목이 마르니 차나 요깃거리를 조금 주면 좋겠다는 뜻으로 해석을 했다.

마이크가 없으니 내가 집주인이었고 북극지방에서는 환대가 최선의 미덕인 만큼, 나는 에스키모들을 그날 저녁식사에 초대했다. 그들은 나의 제안을 이해하고 받아들이는 듯했다. 그리고 나서야 마지막 몇 개 남은 대변을 처리할 수 있도록 나를 홀로 남겨둔 채, 그들은 여행 캠프를 차리기 위해 가까운 등성이로 갔다.

분석의 결과는 아주 흥미로웠다. 대변의 48% 가량은 앞니와 털을 함유하고 있었다. 식별 가능한 음식물의 잔여분으로는 순록의 뼈 조각, 순록 털, 새의 깃털, 그리고 놀랍게도 놋쇠 단추까지 있었다. 단추는 소화기관 분비액의 작용으로 많이 부식되어 있었지만, 상업용 선단에서 흔히 사용하는 닻과 밧줄로 된 디자인인 줄 알아볼 정도는 되었다. 나로서는 어쩌다 이 단추가 여기까지 온 것인지 알 도리가 없었다. 하지만 이것 때문에 늑대가 어느 헤매던 선원 하나를 먹어 치웠다는 증거가 될 수는 없는 일이다. (캐나다 북쪽 지방에서 늑대가 사람을 죽인 적이 있다는 신빙성이 있는 자료는 없다. 그런 유혹을 거부하기가 너무 힘들 만한 상황은 틀림없이 많았겠지만 말이다.)

말 없는 두 에스키모 꼬마들이 지켜보는 가운데 나는 들통을 씻고 있었다. 그리고는 두 통에다 깨끗한 물을 가득 채웠다. 차를 다 대접하려면 물이 많이 필요했기 때문이다. 오두막으로 돌아가고 있자니 꼬마들이 토끼처럼 깡충깡충 등성이를 올라가는 모습이 보였다. 어른들에게 전해주고픈 대단한 소식을 가득 안고 있는 듯한 모습이었다. 그들의 열의를 보니 흐뭇해졌다.

내 흥겨운 기분은 그리 오래가지 못했다. 세 시간이 지나서 저녁이 준비되었는데(내가 개발한 달콤새콤한 소스를 곁들인 폴리네시아식 생선 완자가 주요리였다), 손님들이 나타날 기미가 보이지 않았다. 이미 어두워지고 있어서 나는 저녁 시간을 잘못 알아듣지나 않았나 하는 걱정이 들기 시작했다.

마침내 나는 파카를 입고 손전등을 들고서 에스키모들을 찾아갔다.

그들을 찾을 수가 없었다. 정말 나는 그들을 다시는 볼 수가 없었다. 캠프를 차렸던 자리는 텅 비어 있었고 사람들은 완전히 사라져버렸다. 거대한 평원이 모두 삼켜버린 것처럼 말이다.

너무 어처구니가 없었고 약간은 불쾌한 기분마저 들었다. 다음 날 우텍이 돌아왔을 때 나는 이 이야기를 해주고 설명을 요구했다. 그는 들통과 대변과 다른 것들에 대해 꼬치꼬치 캐물었다. 나에게는 별로 연관이 없어 보이는 질문들이었다. 그러다가 그는 끝에 가서 내 기대를 저버렸다. 우리가 서로 알고 난 이후로 처음 있는 일이었다. 그는 나의 환대가 왜 그토록 무례하게 퇴짜를 맞았는지를 도저히 설명할 수 없다는 것이었다. 그리고 그는 그 말을 끝까지 하지 않았다.

늑대 한 마리를 죽이면

 울프 하우스 만을 떠나야 할 시간이 점점 다가오고 있었다. 내가 그러고 싶어서가 아니라 늑대들이 곧 겨울 땅으로 떠나야 했기 때문이다.

 늦은 10월이 되어 겨울이 황량한 평원을 사납게 몰아붙이면, 순록은 툰드라에 등을 돌리고 풀이 없어 어울리지는 않지만 피할 곳이 있는 숲을 찾아 들어간다. 그리고 그들이 가는 곳에 늑대들이 있었다. 늑대에게도 겨울의 얼어붙은 평원에는 아무것도 남지 않기 때문이다.

 11월 초부터 4월까지 늑대와 순록은 타이가 지대(Taiga: 침엽수림 지대. 유럽 북부에서 시베리아의 오호츠크 해에 이르고, 유라시아 대륙에서 북아메리카를 동서대상東西帶狀으로 둘러싼 침엽수림의 총칭 —옮긴이)를 따라 함께 이동한다. 이 지대는 수목 한계선의 아래에 놓인 왜소한 가문비나무와 방크스소나무(Jack pine: 겉씨식물 구과목 소나무

과의 상록침엽 교목으로, 높이가 25m, 지름이 50cm이며, 건조한 모래땅에서 자란다. -옮긴이)의 경계를 이루는 성긴 숲이다. 눈덧신토끼가 풍부한 해이면 늑대는 이들에게 많이 의존한다. 그렇지만 늑대는 항상 순록 가까이 붙어 지낸다. 기근이 들 때에는 오직 순록만이 그들을 구해줄 수 있기 때문이다.

모든 늑대 가족들은 하나의 조(組)를 이루어 이동한다. 그렇다고 작은 두세 개의 조를 합쳐서 한 덩어리를 이루는 일이 드물지는 않다. 여기에 꼭 정해진 규칙이 있지는 않은 듯하다. 그래서 그런 덩어리는 언제든 구성 조 단위로 다시 쪼개질 수 있다. 그러나 주어진 덩어리의 숫자에는 상한선이 있다. 겨울 사냥에 성공하기 위해서는 여러 늑대들 사이의 긴밀한 협조가 필요하다. 하지만 숫자가 너무 많으면 한 번의 사냥으로 먹을거리가 충분하지 않게 된다. 개체 수가 다섯에서 열 사이인 경우가 거의 최적의 사이즈인 것 같다.

그들이 겨울에 영토를 정해놓은 것 같지는 않다. 이들은 조 단위로 원하는 장소와 시간에 사냥을 한다. 그리고 두 조가 길을 가다가 만나면 서로 인사를 나누고 제 갈 길을 가는 것이 목격되기도 했다.

한 지역에 여러 조가 한꺼번에 모이는 일은 좀처럼 일어나지 않았다. 어떻게 해서 적당히 흩어져 지내며, 늑대는 너무 많고 먹이는 너무 적은 불상사를 막는지는 알려져 있지 않다. 치피와얀 인디언의 말에 따르면, 호수 주변과 애용하는 길을 따라 두드러진 지점,

바위, 나무마다 남겨둔 오줌이라는 메시지에 의한 것이라고 한다. 심한 기근이 온 땅을 휩쓸고 지나가지만 않는다면, 떠돌이 생활을 하는 겨울 늑대 무리는 마찬가지로 떠돌이 생활을 하는 순록 무리가 가는 대로 이동하면서, 그럭저럭 서로의 발을 밟는 일은 피한다고 하는 것이 사실로 전해지고 있다.

불모지대의 늑대에게 겨울은 죽음의 계절이다.
일단 숲으로 들어가면 집중적이고, 고도의 수법을 구사하며, 무시무시한, 인간의 공격에 노출된다. 사냥꾼들은 늑대라고 하면 치를 떤다. 늑대는 순록을 잡는 데 경쟁자일 뿐만 아니라 덫을 엉망으로 만들어버릴 수도 있기 때문이다. 자기들은 잡히지 않으면서 여우를 잡기 위해 놓아 둔 작은 덫을 건드려서 못 쓰게 만들어버린다는 것이다. 더욱이 대부분의 백인 사냥꾼들은 늑대를 두려워한다. 그 중 일부는 죽도록 겁을 내는데, 인간을 파괴의 광분으로 몰아넣는 것 치고 공포라는 채찍만한 것이 없다.
늑대와의 전쟁을 수행하기 위해 필요한 격분 상태는 지방 및 연방 정부의 지원에 의해 뜨겁게 유지된다. 거의 모든 곳에서 늑대 한 마리당 포상금으로 10~30달러를 지급한다. 여우나 다른 모피 동물이 별 재미가 없을 때에는 이 포상금이 사실상 사냥꾼이나 모피 상인들 모두에게 지급되는 장려금 역할을 한다.
늑대에게 도살당하는 순록이 얼마나 되는지에 대한 이야기는 많이 떠들지만 사람에게 도살당한 늑대가 실제로 얼마나 되는지는 알 수 없다. 우선 진상을 하나 말하자면, 전반적인 허위 사실이 공식적으로 널리 유포된다는 점이다. 그 다음으로는, 진실이 고의적으로 은폐된다는 점이다. 매니토바와 키웨이틴 경계에서 활동하는 어느 사냥꾼은 내가 연구를 하던 첫해 겨울에 늑대 118마리에 대한 포상금을 긁어모았다. 그 중 107마리가 봄에 태어난 어린것들이었다. 법대로 하자면 그는 덫이나 총으로 늑대들을 잡아야 했을 것이다. 그런데 그는 사실 다른 사람들이 하는 방법대로 했다. 그것은 북극 고위도 지방에서는 정부가 암암리에 허가해주는 대로 사람들이 아직도 그렇게 하고 있는 방법이다. 그는 스트리크닌(Strychnine: 중추신경 흥분제로서 매우 유독한 물질 -옮긴이)을 살포한 것이다. 그것도 너무나 무분별하게 광범위한 지대에 뿌림으로써 여우, 울버린(Wolverine: 족제비과 동물로서 몸은 근육질이며 네 다리는 굵어서 족제비보다는 작은 곰과 비슷하다. -옮긴이)을 비롯한 여러 작은 육식동물들이 모조리 다 죽고 말았다. 그 해에 여우 값이 거의 똥값이었기 때문에 그것은 별 문제가 되지 못했다. 늑대 포상금은 마리당 20달러가 나갔다.

    덫과 독약은 가장 흔한 늑대 킬러이긴 하지만 널리 쓰는 다른 방법들이 또 있다. 그 중 하나가 비행기다. 해충 박멸에 시간과 돈을 바침으로써 사회에 봉사하는, 시민의식 투철한 스포츠맨들이 좋아하는 방법이다. 높이 나는 비행기에 탄 사람은 탁 트인 곳에 나온 늑대들을 계속 주시한다. 얼어붙은 호수에 나와 있으면 더 좋다. 적당한 대상을 발견하면 비행기는 낮게 그 위로 날아서 집요하게 쫓아간다. 그러면 늑대는 흔히 쓰러지거나 심지어 죽기까지 한다. 알이 굵은 산탄총으로 한 방 쏘기도 전에 말이다.

한편 내가 알기로 이 방법이 실패한 경우도 한 번 있었다. 늑대 세계를 멸하는 일을 돕기 위해 자기 소유의 경비행기를 타고 대도시에서 날아온 두 사람이 있었다. 전에 사냥을 할 때마다 많이 죽여봐서 이 조종사는 짐승들 위로 바짝 붙어서 추격하는 일에 숙달되어 있었다. 비행기의 스키가 거의 늑대에게 닿을 정도로 말이다. 그런데 그날 그는 너무 낮게 날았다. 희롱당하던 늑대가 갑자기 돌아서서 공중으로 번쩍 뛰어올라 스키 발 하나를 잡아챘다. 늑대는 뒤이은 비행기의 추락으로 죽고 말았다. 비행기에 탄 두 사람도 마찬가지였다. 그 이야기는 어느 유명 스포츠 잡지에 기사로 소개되었다. 늑대의 교활하고 위험한 본성을 보여주는 본보기로서, 그리고 늑대에 맞서 싸우는 두 사람의 무한한 용기의 본보기로서 말이다. 이것은 물론 낡아빠진 술수다. 인간은 아무 생각 없이 동물 학살을 (다른 인간을 포함하여) 자행하는 때와 곳마다, 자기들이 죽이는 대상에 대하여 가장 악독하고 혐오스러운 성격을 부여함으로써 종종 자기들의 행위를 정당화하려고 해왔다. 학살의 명분이 모자랄수록 흑색선전은 더 심했다.

울프 하우스 만에서 브로셰(내 겨울 연구를 위한 매니토바 북부의 기지)에 도착했을 때 반(反)늑대 감정이 아주 심했다. 빈민에 싸인 이 지역 수렵 감독관이 나에게 해준 상황 설명은 이랬다. 이곳 지역민들은 20년 전까지만 해도 겨울이면 순록을 5만 마리는 잡을 수 있었다. 그런데 이제는 몇천 마리만 잡아도 다행이라는 것이다. 순록은 점점 희귀해질 정도로 줄어들었고, 누구나 책임은 늑대에게 있는 것으로 여겼다. 나는 박력은 없지만 호소하는 뜻을 전했다. 늑대는 백인이 이곳 브로셰에 오기 전부터 몇 만 년도 더 되는 시간 동안 순록을 먹고 살면서도, 그들을 멸종시킬 정도로 죽이는 법이 없었다는 취지였다. 반응은 못 알아들은 척하거나, 빨치산 같은 내 태도에 광분을 일으키는 것이었다.

겨울 초입의 어느 날 모피 상인 하나가 내 오두막에 갑자기 뛰어들었다. 대단히 흥분한 상태였다.

"이봐!"

그는 도전적으로 말했다.

"당신은 늑대가 순록 떼를 도살한다는 증거를 대라고 난리를 쳤지. 자, 그러면 어서 당신 개썰매를 타고 피쉬덕 호수로 가보라구. 원하던 증거를 찾을 테니까! 내가 거래하는 사냥꾼 하나가 한 시간 전에 왔는데, 그 양반 말이 호수 얼음 위에 있던 순록 50마리를 늑대들이 다 물어 죽였다는군. 고기는 한 입도 안 건드리고 말이야!"

그의 말을 듣고 나는 크리 인디언 한 사람과 함께 그리로 갔다.

오후 늦게 우리는 피쉬덕 호수에 도착했다. 구역질나는 살육의 현장이었다. 얼음 위에는 순록의 사체 23구가 흩어져 있었다. 피를 하도 많이 쏟아서 넓은 눈밭이 진홍빛 범벅이 되기에 충분했다.

사체를 전혀 건드리지 않았다는 사냥꾼의 말은 옳았다. 청소부 역할을 하는 여우, 어치(까마귀과의 새), 갈까마귀가 약간 건드린 것들을 제외한다면, 사체 3구는 거의 죽은 그대로였다. 셋 중의 둘은 수컷 순록이었는데 머리가 없었고, 나머지 하나는 어리고 새끼를 밴 암컷 순록이었는데 양 뒷다리가 없었다.

모피 상인이 흥분하며 증거로 제시했지만, 기대에 어긋나게 이 순록들 중에서 늑대의 공격을 받은 것은 하나도 없었다. 호수 위에는 늑대의 흔적도 전혀 없었다. 다른 자국들이 있을 뿐이었다. 그것은 틀림없이 비행기의 양쪽 스키 발과 꼬리 썰매가 일대를 이리저리 지나가면서 낸 세 줄짜리 자국이었다. 눈 덮인 호수 표면은 뱀처럼 구불구불한 선이 십자수처럼 얽혀 있었다.

이 순록들을 쓰러뜨린 것은 늑대가 아니었다. 그들은 총에 맞은 것인데, 그것도 몇몇은 여러 번을 맞았다. 하나는 장에 총상을 입으면서 흘러나온 창자를 얼음 위에 끌고서 100야드를 달렸다. 다른 몇몇은 총에 맞아 다리가 두셋씩 부러져 있었다.

이 사건의 자초지종은 이랬다.

2년 전 해당 지방 정부의 관광국은, 불모지대의 순록이 미국의 부유한 트로피 헌터(순록의 뿔이나 머리, 사자의 가죽과 같은 사냥의 기념물을 주 목적으로 하는 사냥꾼 -옮긴이)들을 유혹하기에 충분한 물리치기 힘든 미끼가 되리라는 판단을 내렸다. (1963년에 뉴펀들랜드 정부는 똑같은 수법을 쓰고 있다.) 이에 따라 완전히 조직화된 '사파리'(Safari: 사냥, 탐험 등의 원정 여행 -옮긴이)를 제공하기 위한 계획이 수립되었다. '사냥 애호가' 단체가 아북극 지방으로 날아와서 (이따금 정부 소유의 비행기를 이용하기도 하여) 1인당 1,000달러에 1급의 순록 뿔이 보장되도록 하는 계획이었다.

겨우내 수목 한계선 안에 머무는 동안, 순록은 새벽 녘과 해질 녘에는 숲에서 먹이를 먹고 낮 시간은 탁 트인 호수의 얼음 위에 모여서 지냈다. 사파리 비행기의 조종사는 그러니까 순록이 많이 나와 있는 호수를 하나 고르기만 하면 되는 일이었다. 그리고는 낮은 고도로 한동안 돌면서 순록들을 모두 하나의 우글거리는 떼거리 모양으로 몰아가면 되었다. 그러다가 비행기는 착륙을 했다. 그러나 비행사는 순록 떼가 흩어지지 못하도록 겁에 질린 무리 주위를 계속해서 활주하여 몰아갔다. 열린 문과 창문을 통하여 사냥꾼들은 정조준 사격을 계속할 수 있었다. 사격은 수많은 기념물을 확보하여 그 중 제일 좋은 것을 고를 수 있도록, 충분히 죽일 때까지 계속되었다. 그들은 아마 이 관광이 상당히 비싼 것이기 때문에 득점을 많이 올릴 자격이 있다고 생각했을 것이다. 그리고 해당 정부의 관리들도 그들과 같은 생각이었으리라.

사격이 끝나면 사체를 살펴본 후 그 중 가장 나은 머리 하나씩을 챙겼다. 허가증에는 순록 한 마리만을 '점유할 수' 있다고 되어 있었던 것이다. 순록고기도 좋아할 경우 다리 몇 개씩을 잘라서 이제 남쪽으로 날아갈 비행기에 던져 넣었다. 이틀 후 이 사냥 애호가들은 의기양양하여 집으로 돌아갔을 것이다.

나를 따라온 크리 인디언은 먼젓번 겨울에 가이드로 일하다가 이 일련의 사건들을 직접 목격했다. 그는 마음이 불편했다. 하지만 그는 백인들의 세계에서 인디언이 차지하는 위상이 어느 정도인지를 잘 알고 있었으므로, 그런 분노는 혼자 간직하고 있는 편이 더 낫다고 판단했다.

나는 더 어리숙했다. 다음 날 나는 해당 기관에 그 사건에 대한 총체적 보고를 무전으로 보냈다. 아무런 응답이 오지 않았다. 단지 지방 정부가 늑대에 대한 포상금을 몇 주 후에 20달러로 올린다는 사실을 알게 되었을 뿐이다.

우리가 잃어버린 세계

울프 하우스 만에서 남쪽 브로셰로 어떻게 가느냐 하는 문제는 어느 날 아침 우텍이 오두막으로 뛰어들어와 비행기를 봤노라고 알려주면서 해결이 되었다. 확실히 노스만 비행기 한 대가 굼뜨게 원을 그리며 서쪽 툰드라 지대 위로 떠가고 있었다.

나를 울프 하우스 만으로 데려다준 조종사가 행여나 다시 돌아올까 하는 생각을 포기한 지는 오래였다. 그래서 이 비행기를 보자 나는 흥분으로 전율하게 되었다. 지급받은 연기 발생기가 기억이 나서 가지러 달려갔다. 놀랍게도 그것은 작동이 되었다. 검고 기름내 나는 연기가 커다랗게 돌돌 말리며 하늘 높이 치솟았다. 노스만은 서쪽으로 사라졌다가 다시 나타나 내 연기 신호 기둥을 향해 날아왔다.

비행기는 만에 내렸다. 나는 조종사를 반기기 위해 카누를 타고 나아갔다. 조종사는 얼굴이 좁은데다 인상이 별로 좋지 않은 젊은

이였다. 껌을 입 안 가득 씹고 있었으며, 나에게 할 말이 많은 사람이었다.

    나에게 아무런 전갈이 없이 몇 달이 흘러가자 상부에서는 점점 불안을 느끼기 시작했다. 늑대에 대한 보고가 전혀 없었을 뿐더러, 4,000달러어치나 되는 정부의 장비가 툰드라 허허벌판 속으로 사라져버렸기 때문이다. 이 일이 심각했던 이유는 반대당의 일부 캐묻기 좋아하는 의원들이 언제든지 눈치를 채고 하원에서 질의 공세를 할 가능성이 있었기 때문이었다. 공공의 재산을 다룸에 있어 부주의한 면이 있었음을 추궁당할 가능성이 있다는 것은 언제나 모든 정부 부처를 괴롭히는 악령과도 같은 것이다.

    그리하여 왕립 캐나다 기마 경찰대는 나를 찾아 달라는 의뢰를 받았다. 그러나 단서가 너무 부족했다. 나를 불모지대로 데려다준 조종사는 이후에 맥킨지 지역으로 비행을 갔다가 실종되고 말았다. 경찰은 그의 흔적을 찾을 수가 없었다. 그가 나와 함께 무슨 일을 했는지만 빼놓고 말이다. 마침내 엄청난 탐색 수사를 한 뒤, 경찰은 처칠에서 떠도는 소문을 입수하게 되었다. 내가 북극을 떠돌아다니는 러시아 기지를 정찰하도록 파견된 비밀 기관의 요원이라는 내용이었다. 경찰은 오타와에 그대로 보고를 했다. 그러면서 자기들은 비웃음거리가 되고 싶지는 않다는 점과, 다음에 우리 부처에서 무언가 찾고 싶은 것이 있다면 좀 더 솔직히 털어놓는 것이 좋겠다는 뜻을 덧붙였다.

내 연기 신호를 조사하기 위해 온 이 조종사는 나를 찾기 위해 파견된 것이 아니었다. 탐사 비행 중이었으며, 나를 발견한 것은 순전히 우연이었다. 그렇지만 그는 기지로 돌아갈 때 우리 부처에 내 전갈을 전해주기로 했다. 장비가 있는 위치를 알려주며, 결빙기가 오기 전에 즉각 비행기를 보내 나를 찾도록 하는 내용이었다.

이왕 내린 김에 조종사는 마이크의 도움을 받아 동체에 붙들어 둔 드럼통에 연료를 가득 채울 수 있었다. 그 사이 나는 자리를 떠나 늑대 굴 에스커에서 못다 본 일을 끝내러 갔다.

늑대 가족의 생활에 대한 내 연구를 마무리하기 위해서는 굴 속이 어떻게 생겼는지 알 필요가 있었다. 깊이가 어느 정도며, 통로의 지름이 얼마며, 굴 맨 안쪽의 보금자리가 (만일 있다면) 어떤지 하는 관련 정보 말이다. 그때까지는 여러 가지 사정 때문에 이 조사를 할 수가 없었다. 굴이 비어 있지도 않았고, 다른 일들로 너무 바빠서 거기까지 손을 미칠 수도 없었던 것이다. 그런데 이제 시간이 다 되어가면서 마음이 급해졌다.

나는 일대를 가로질러 굴을 향해 서둘러 걸어갔다. 반 마일 정도도 남지 않았을 때 내 뒤에서 우렁차게 으르릉거리는 소리가 났다. 소리가 너무 크고 뜻밖이라 나는 몸을 던져 이끼 바닥에 납작하게 엎드렸다. 노스만 비행기가 50피트 높이로 날아오고 있었던 것이다. 굉음을 내며 내 위로 지나갈 때 비행기는 인사의 뜻으로 날개를 맵시 있게 흔들었다. 그리고는 늑대 에스커의 정상 위를 사뿐히 넘어갔다. 프로펠러 바람 때문에 비탈 아래로 모래가 한바탕 쏟아졌다. 나는 일어나서 뛰는 가슴을 가라앉혔다. 이제는 빨리 사라져가는 비행기에 있던 재미있는 사람이 괘씸하다는 생각이 들었다.

굴이 있던 등성이에는 내가 예상했던 대로(그리고 어쨌든 노스만 비행기에서도 분명히 알고 있었을 것이다) 늑대가 없었다. 굴 입구에 이르러 나는 두꺼운 바지와 웃옷과 스웨터를 벗고, 짐 꾸러미에서 손전등과(배터리 수명이 다 되어가고 있었다) 줄자를 들고, 터널 입구를 어렵게 비집고 들어가기 시작했다.

손전등이 너무 희미하여 오렌지색 빛만 낼 뿐이어서, 줄자의 눈금을 제대로 읽기가 힘들었다. 나는 꿈틀거리며 45도 내리막을 8피트 가량 내려갔다. 내 입과 눈은 곧 모래로 가득 찼고, 나는 폐소공포증을 느끼기 시작했다. 터널은 겨우 나 하나가 기어 들어갈 만한 크기였기 때문이다.

8피트 되는 지점에서 터널은 갑자기 위로 구부러지더니 왼쪽으로 틀어졌다. 나는 불빛을 새 방향으로 돌리고 스위치를 눌렀다.

앞의 어둠 속에서 녹색빛 네 개가 희미한 손전등 빛을 반사하고 있었다.

이 경우에 녹색은 나에게 전진 신호가 아니었다. 나는 그 자리에 얼어붙었다. 놀란 나는 그러면서도 머릿속으로 적어도 늑대 두 마리가 굴 안에 있다는 정보를 접수하려고 했다.

늑대 가족에게 상당한 친근감을 갖고 있었지만, 상황이 이렇게 되자 내 속에 비이성적이지만 깊이 새겨져 있던 편견은 이성과 경험을 완전히 압도하고 말았다. 솔직히 나는 너무 겁이 나서 마비 상태에 꽉 붙들렸다. 내게는 아무런 무기도 없었고, 어정쩡한 자세로는 손 하나 제대로 써서 공격을 방어할 가망도 없었다. 늑대들이 나를 공격하는 것은 불가피해 보였다. 뒤쥐라도 자기 굴이 침범을 당한다면 필사적으로 방어하기 마련이기 때문이다.

그러나 늑대들은 그르릉 소리도 한 번 내지 않았다.

희미하게 빛나는 눈빛 두 짝이 없었다면 그들이 거기에 있었다고 할 수도 없을 정도였다.

나는 마비 증세가 풀리기 시작하면서 날씨가 추웠는데도 온 몸이 땀범벅이 되었다. 눈 딱 감고 허세를 한 번 부려서 불빛을 팔이 닿는 한껏 쭉 디밀어 보았다.

그렇게 해서 밝아진 빛은 앤젤린과 꼬마 하나를 알아보기에 충분한 정도였다. 그들은 굴의 뒷벽으로 바짝 물러나 있었다. 죽은 것처럼 꼼짝도 하지 않았다.

충격이 점점 사라지면서 자기 보존 본능이 다시 자리를 차지하기 시작했다. 최대한 빠른 속도로 나는 기울어진 터널을 꿈틀꿈틀 뒷걸음질하기 시작했다. 늑대들이 어느 순간에라도 공격할지 모른다는 생각에 긴장을 한 채 말이다. 그러나 굴 입구까지 되돌아와서 완전히 기어 나올 때까지, 나는 늑대가 조금이나마 움직인다는 신호를 전혀 듣지도 보지도 못했다.

나는 돌에 앉아 떨리는 손으로 담배를 하나 물었다. 그러면서 더 이상 겁이 나지 않음을 느꼈다. 대신 비이성적인 분노가 나를 사로잡았다. 라이플총을 갖고 있었더라면 아마 미친 듯이 날뛰며 두 늑대를 다 쏴 죽이려 했을 것이다.

담대함은 어디론가 사라져버렸고 거무스름한 북녘 하늘에서 바람이 불어왔다. 나는 다시 떨기 시작했다. 이번에는 분노가 아니라 추위 때문이었다. 화가 풀리면서 사건의 여파로 온 몸의 맥이 빠져버렸다. 나의 분노는 두려움이 낳은 적개심에서 온 것이었다. 그 적개심은 내 안에서 적나라한 공포심을 불러일으키고, 그렇게 함으로써 나의 인간적 자존심을 참을 수 없도록 우습게 만들어버린 짐승에 대한 것이었다.

그 여름 내내 늑대들과 함께 지내면서 그들과 나 스스로에 대해 배운 것들을 내가 얼마나 쉽게 망각했으며 얼마나 간단하게 부인했는지 깨달으면서 간담이 서늘해졌다. 나는 굴 바닥에 움츠리고 있던 앤젤린과 그녀의 꼬마를 떠올려보았다. 그들은 천둥처럼 갑자기 밀려온 비행기를 피해 숨어 있었던 것이다. 부끄러웠다.

동쪽 어디선가 늑대가 울었다. 가볍게, 궁금하다는 듯이. 나는 그 목소리를 알았다. 전에 많이 들어본 소리였기 때문이다. 조지였다. 없어진 가족의 대답을 듣기 위해 황야에 울려 퍼뜨리는 소리였다. 하지만 나에게는 그 소리가 잃어버린 세계에 대해 들려주는 이야기였다. 우리가 조화롭지 못한 역할을 선택하기 전, 한때는 우리의 것이었던 세계. 내가 얼핏 알아보고 거의 들어가기까지 했지만, 결국 내 스스로가 외면하고 만 세계에 대한 노래였다.

에필로그

1958년에서 1959년까지의 겨울 동안 캐나다 야생생물보호국은 늑대 통제 정책의 지속적인 이행 차원에서 포식 방어과(科) 직원 몇 명을 파견하여, 스키가 장착된 비행기를 타고 가서 키웨이틴 불모지대를 순찰하도록 했다. 독이 든 미끼를 둘 기지를 마련하기 위해서였다.

1959년 5월 초, 이 직원들 중 하나가 울프 하우스 만에 착륙했다. 그는 굴 근처에서 몇 시간을 기다리다가, 적당히 가까운 위치에 청산가리 '늑대잡이'를 여러 개 놓았다. 그가 확인한 바로는 굴에 주인이 있었다. 그는 또 굴 인근에 스트리크닌으로 처리한 미끼 몇 개도 놓았다.

그는 나중에 이 통제 기지를 확인하러 돌아올 수 없었다. 해빙이 일찍 시작되었기 때문이다.

그가 어떤 결과를 얻었는지는 알려지지 않았다.

옮긴이의 글

늑대의 울음소리가 우리 주변에서 사라진 지는 오래다. 적어도 늑대가 사실상 멸종됐다는 이 땅에서는 직접 들어본 사람이 거의 없다고 해도 틀린 말이 아닐 것이다. 우리는 이런 늑대에 대한 이미지를 영화 같은 데에서나 가끔 접할 수 있다. 그나마 그 이미지도 늑대란 '잔학한 킬러'라는, 한마디로 위험한 야수라는 이미지가 대종(大宗)을 이룬다. 그러면서도 우리는 동물원 우리에 갇힌 이 힘없는 허구적 존재가 왜 그토록 인간의 공포를 자아냈는지 쉽게 상상하기 힘들다.

팔리 모왓이 이 책에서 그려낸 늑대는 우리가 그동안 제한된 정보를 바탕으로 쌓아온 야수의 이미지와는 너무나 다른 존재다. 한때 인간과 공존했던 늑대는 인간 문명의 탐욕에 희생된 대표적인 동물로 묘사되고 있다. 그리고 우리가 믿고 있는 늑대에 대한 '신화'는 인간 자신의 죄와 비겁의 투영일 뿐이라고 말한다. 그 말은 곧 우리가 늑대에 대해 갖고 있는 편견과 몰이해는 바로 우리 자신의 모습이라는 뜻이다. 정작 피에 굶주린 야수는 다름 아닌 우리 인간들이라는 것이다.

작가는 이런 주장을 실수투성이의 마음 좋은 화자를 통해 절묘하게 구사하고 있다. 작가의 분신인 화자는 인간, 특히 문명 관료 사회와 제도권 과학에 비판적인 사람이다. 하지만 그런 그도 어쩔 수 없이 문명의 때에 찌든 한 인간이었다. 그는 늑대와의 만남에서 매번 그릇된 짐작을 하고, 그때마다 놀라운 사실을 발견하면서 눈을 뜨는 과정을 겪는다. 문명에 근거한 그의 추측이 매번 자연의 진실 앞에 고개를 숙이고 새로운 각성을 얻는 것이다.

책을 읽다보면 짐승과 인간의 위치가 바뀜을 느낀다. 여기 나오는 늑대의 도덕성은 인간의 그것을 뛰어넘는 것이다. 가정생활, 성 문제, 공동체적 유대, 식습관 등 늑대의 생활상을 목격하면서 인간이라는 짐승의 부끄러움은 여지없이 드러난다. 또 작가는 이야기를 아주 유머 있게 풀어나간다. 그 유머란 주로 화자가 스스로를 비웃는 자조의 유머다. 화자가 스스로를 바보스럽게 만들어 우리를 웃게 만드는 것은 곧 문명 맹신자이자 자연 파괴자인 우리 스스로에 대한 풍자이기도 하다.

이 논쟁적인 이야기는 사실성 여부 때문에 많은 논란을 일으키기도 했다. 이 책의 내용이 어디까지가 사실인지를 밝히는 일은 쉽지가 않다. 대신 작가의 말대로 그의 상상력은, 이 책의 사실 여부를 비난하던 과학계가 그 사실 여부를 입증하기 위해 늑대의 행동 양식을 연구하는 '상상력'을 불러일으켰다. 논픽션으로 분류되는 이 책에 소설적(허구적) 요소가 많은 것은 사실이다. 하지만 작가의 말대로 사실이란 그 자체로는 아무런 의미가 없으며, 오직 진실을 위해서만 중요성이 있다고 할 수 있을 것이다.

1921년에 태어나 지금도 작품을 내고 있는 팔리 모왓은 캐나다 역사를 통틀어 가장 유명한 작가라고 한다. 생존 중인데도 나온 전기(2002년)에서는 그를 『월든』을 쓴 미국의 초월주의 작가 소로우와 비교하고 있다. 소로우처럼 그도 은둔자로서 자연 세계의 완전함과 인간 세계의 허영을 대조하며, 지구별에 대한 동정적인 파수꾼 역할을 했다. 그의 글쓰기는 에스키모, 늑대, 고래 등 멸종 위기에 처한 생물종의 대변자가 벌이는 지칠 줄 모르는 싸움이기도 했다.

이 뛰어난 작가의 대표작을 옮길 기회를 주신 돌베개 출판사 여러분께 감사드린다. 그리고 이 책이 '잃어버린 세계'의 공존을 잠시나마 떠올리게 하는 작은 계기가 되기를 바란다.

2003년 6월
이한중